Picker/Hoffmann · Hitlers Tischgespräche im Bild

Henry Picker / Heinrich Hoffmann

Hitlers Tischgespräche

im Bild

Herausgegeben von
Jochen von Lang

Herbig

Das Originalwerk von Henry Picker: »Hitlers Tischgespräche im Führerhauptquartier« 3. Auflage 1976 ist im Seewald Verlag, Stuttgart, erschienen, ebenso die Studienausgabe 1977.

Überarbeitete Ausgabe

Lektorat: H. R. v. Zabuesnig
Umschlaggestaltung: Christel Aumann, München
Layout von Konrad Boch
Die Photos entstammen dem Zeitgeschichtlichen Bildarchiv Heinrich Hoffmann, München.
Karte (S. 10/11) und Zeichnungen (S. 68/69) von Hanno Engler
Satz: Stalling Druck- und Verlagshaus AG, Oldenburg
Druck: Mohndruck Graphische Betriebe GmbH, Gütersloh
ISBN: 3-7766-1088-3

Inhalt

An Hitlers Tafelrunde

Die Entstehung der »Tischgespräche«
Von Dr. Henry Picker

Prägnant wiedergegeben fand Hitler die Aufzeichnungen einiger seiner Tischgespräche durch Dr. Henry Picker – oben bei der Verabschiedung in Winniza 1942.

Im guten Glauben an seine Friedensbeteuerungen hatte der Vater, Senator Daniel Picker, Hitler vor 1933 bei der Marine eingeführt – im Bild: Besuch auf dem Kreuzer »Köln« in Wilhelmshaven. Hitler erinnerte sich daran, als der Sohn 1941 ins Hauptquartier kommandiert wurde, und lud ihn zu seiner privaten Tafelrunde ein.

Die Bilanz, mit der Hitler in die von ihm so oft beschworene Geschichte eingegangen ist, ist ebenso erschreckend wie einzigartig: Vom unbekannten Soldaten des Ersten Weltkrieges stieg er auf zum unumschränkten Herrscher fast ganz Kontinentaleuropas und endete – gescheitert – im Selbstmord. Das von ihm eroberte Gebiet reichte zeitweise vom Nordkap bis zur Sahara, vom Atlantischen Ozean bis zur Wolga und zum Kaukasus; doch von alldem blieb nichts übrig als ein zweigeteiltes Rumpfdeutschland zwischen Rhein und Oder-Neiße-Linie. Von Hitlers Zweitem Weltkrieg künden der Nachwelt:
56 Millionen Tote (Soldaten und Zivilpersonen), davon 6,7 Millionen Deutsche;
fast 50 Millionen Flüchtlinge, davon 14,5 Millionen Deutsche;
35 Millionen Kriegsbeschädigte, davon 2 Millionen Deutsche;
fast 80 000 zerstörte Städte und Dörfer.
20 Millionen Tote beklagt allein die Sowjetunion, und 6 Millionen Juden – also fast die Hälfte des 13-Millionen-Volkes – beweint Israel (lt. General-Restitution).

Wer war dieser Mann, der erst 1932 deutscher Staatsbürger geworden war und der von den Auswirkungen von Versailles, der Massenarbeitslosigkeit und der Weltwirtschaftskrise an die Spitze des Deutschen Reiches geschwemmt wurde? Was für ein Mensch war dieser Hitler?
Mit dieser Frage im Herzen trat ich am 21. März 1942 meinen Dienst bei ihm an. Lediglich meiner aktenmäßigen Beamten-Qualifikation hatte ich diese Kommandierung zuzuschreiben: Ich war als Volljurist an verschiedenen Landratsämtern, Ministerien und zuvor in der Reichsjugendführung tätig gewesen – von Schirach freilich 1937 aus der HJ gefeuert und erst 1942 von Axmann rehabilitiert worden –, und als Jurist wurde ich nun auch in das Führerhauptquartier (FHQu) berufen.
Von Anfang an stand bei mir fest, daß ich meine Zeit in der Zentrale der Macht nutzen wollte, um der Nachwelt meinen unmittelbaren Eindruck Hitlers zu überliefern. Deshalb legitimierte ich mich bei seinem persönlichen Chef-Adjutanten, Julius Schaub, durch Fotos als Sohn des Wilhelmshavener Senators Daniel Picker, in dessen Haus Hitler wiederholt zu Gast gewesen war und dem er in der Kampfzeit die Einführung bei der Marinewerft und auf verschiedenen Kriegsschiffen verdankte. Hitler gab Schaub die Weisung, er wünsche mich als ständigen Gast an seiner Tafel zu sehen – auch im »kleinen Kreis« auf dem Berghof bei Berchtesgaden, zu dem u. a. seine spätere Frau Eva Braun gehörte.
Im Hauptquartier glich die Tischunterhaltung der anwesenden Mitarbeiter und Gäste einem halblauten Geflüster. Alles verstummte, sobald Hitler etwas sagte. Die ganze Atmosphäre stand so sehr im Zeichen der Respektierung des »Chefs«, daß selbst ergraute Generale und Politiker bei der Begrüßung durch ihn bisweilen vor Aufregung Gläser umwarfen.
Nach dem Essen ließ sich Hitler die goldene Brille geben und las die neuesten Depeschen Blatt für Blatt langsam und genau durch. Auf Grund einer dieser Nachrichten oder eines beim Essen gefallenen Stichwortes begann er dann seine Auffassung darzulegen, um sich selbst schlüssig zu werden, seine Gäste zu unterhalten oder in einer bestimmten Richtung zu be-

Kleinste Einzelheiten pflegte Hitler beim Studium der Lagekarte mit einer besonders großen, scharfen Lupe herauszufinden.

einflussen. Mit seiner dumpfen, aber gut verständlichen Stimme sprach er zunächst meist langsam, zögernd und überlegend. Hatte er sich aber an einem Gedanken entzündet, dann fügte er, mit den glänzenden Augen eines Fanatikers, Satz an Satz, Idee an Idee, Bild an Bild und verstand es, selbst widerstrebende Zuhörer in seinen Bann zu ziehen. Diese seine Kunst war so effektvoll, daß die Schärfe seiner Angriffe – besonders gegen Staatsmänner wie Roosevelt und Churchill, gegen Freimaurer, Bürgertum, Kirche, Juden, Juristen und Diplomaten – leicht überhört wurde.
Verblüffend war, daß Hitler selbst in den spannungsreichsten Tagen kaum zu aktuellen Kriegsproblemen Stellung nahm; das erledigte er bei seinen Lagebesprechungen. Bei Tisch erzählte er lieber aus vergangenen Zeiten, und dabei erwies sich sein Gedächtnis als ein wahrer Computer. Die rasch wechselnden Themen der Tischgespräche ließen das Sprunghafte in seinen Überlegungen deutlich werden.
Bei diesen Monologen Hitlers machte ich mir unauffällig Stichwortnotizen, und zwar auf Kärtchen, die ich unter meinen Teller schob und die ich nach den Mahlzeiten benutzte, um Hitlers Darlegungen, soweit ich sie für überlieferungswert hielt, sofort zu Papier zu bringen.
Hitler selbst hatte davon keine Ahnung, dagegen wußte sein Sekretär, Martin Bormann, von Anfang an Bescheid, wollte aber nicht die Verantwortung für meine private Mitschreiberei übernehmen, falls ich damit »aufplatzte«. Bormann hatte mit einem Tischstenogramm meines Vorgängers, des Ministerialrats Heinrich Heim, Ärger gehabt; es war auf geheimnisvollen Wegen in die Auslandspresse gelangt. Auch hatte Hitler seinen Kriegsgeschichtler, Oberst Scherff, scharf gerügt, weil er sich bei Tisch Notizen gemacht hatte: Er wünsche, daß seine private Sphäre geachtet werde, und verbitte sich daher, daß seine Äußerungen an der privaten Tafelrunde mitstenographiert, protokolliert oder sonstwie nachgeschrieben würden.

Eigenhändig schnitt Hitler bei Fotos, die er nicht veröffentlicht sehen wollte, die rechte obere Ecke ab. Hier: Mussolinis Besuch am 20. Juli 1944, kurz nach dem Attentat (siehe Seite 60/61).

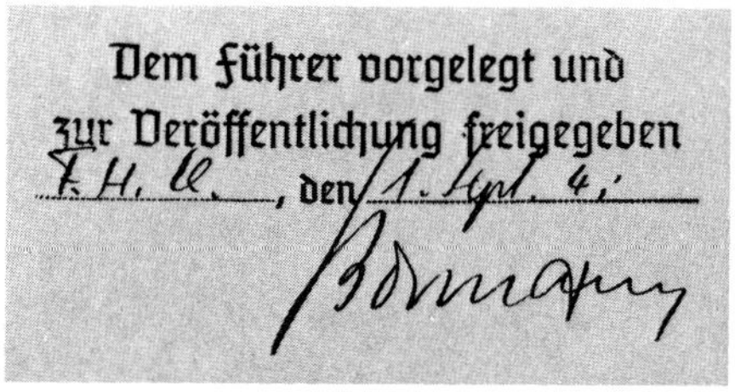

Diesen Freigabevermerk, von Bormanns Bruder, Adjutant Albert Bormann unterzeichnet, trugen die Fotos, die Hitlers Kontrolle unbeanstandet passiert hatten.

Aus diesen mir damals unbekannten Gründen wollte Bormann mit meinem Hobby nichts zu tun haben; er war aber an der Überlassung einzelner Abschriften interessiert, soweit er sie dienstlich zu »Führerrichtlinien« verarbeiten konnte. Um sich abzusichern, legte er meine Aufzeichnungen in drei Fällen Hitler zur Billigung vor und berichtete mir hinterher hocherfreut, daß der »Chef« die »prägnante Wiedergabe seiner Gedankengänge« gelobt habe. Auf dieser Basis erreichte er auch bei Hitler, daß ich meine Skripten bei meinem Ausscheiden aus dem FHQu ins Privatleben mitnehmen und – unter gewissen Bedingungen – nach dem Kriege publizieren durfte.

Wie sah es nun im Führerhauptquartier aus? Als ich in die »Wolfsschanze« nahe Rastenburg (Ostpreußen) versetzt wurde, traf ich auf eine verschneite Waldeinsiedelei. Nur die Arbeitsräume in den acht oder neun Betonbunkern hatten Fenster, die Schlafräume wurden künstlich belüftet. Es gab nur rustikale Naturholzmöbel. Lebenszuschnitt und Essen waren spartanisch einfach. Mir als Verwaltungsfachmann fiel besonders auf, daß Hitler von dieser geradezu klösterlichen Zentrale aus mit nur 26 direkten Mitarbeitern seine Herrschaft ausübte, einen Militärapparat von 20 Millionen Soldaten, eine Partei von 25 Millionen Mitgliedern und ein Rüstungspotential von 36 Millionen in- und ausländischen Arbeitskräften dirigierte.
In meiner FHQu-Zeit waren die 26: Generalfeldmarschall Keitel, der Chef des Oberkommandos der Wehrmacht, General Jodl, der Chef des Wehrmachtführungsstabes, Hitlers Sekretär Martin Bormann, der mächtige Leiter der Parteikanzlei, Reichspressechef Dr. Dietrich, die Wehrmacht-Adjutanten Generalmajor Schmundt, Kapitän z. S. von Puttkamer, Major Engel und Luftwaffenmajor von Below, Hitlers persönliche Adjutanten Schaub und – von seinem Bruder Martin ständig angefeindet – Albert Bormann, die Ordonnanzoffiziere SS-Hauptsturmführer Schulze und Pfeiffer, Hitlers Leibärzte, die Professoren Morell und Brandt, die Verbindungsmänner: Gesandter Hewel (Auswärtiges Amt), General Bodenschatz (Luftwaffe), General Wolff (SS), General Buhle (Heeres-Organisationsamt), Admiral Krancke (Marine), Oberst Scherff (OKW-Abteilung für Kriegsgeschichte), Dr. Köppen (Ostministerium), Oberregierungsrat Dr. Picker (Innenministerium), sowie: Luftwaffenoberst Christians (Gehilfe Jodls), Major Gabriel (Adjutant Keitels), Hauptmann Kleckel (Nachrichtenoffizier) und Redakteur Heinz Lorenz vom Deutschen Nachrichtenbüro.
Die Führerhauptquartiere – die übrigens meist »Wolfs«-Namen trugen, weil Hitler in der Zeit des Parteiverbots unter dem

Pseudonym »Wolf« agitiert hatte – wurden von der Wehrmacht eingerichtet. Ihre Sonderkosten, soweit sie nicht militärischer Art waren, wie zum Teil die Verpflegung seiner 26 Mitarbeiter und die Bewirtung seiner persönlichen Gäste, zahlte Hitler dagegen aus persönlichen Einkünften, weil er langwierigen Auseinandersetzungen mit dem Reichsrechnungshof vorbeugen wollte. Hitlers Scheckbuch wurde von Schaub verwaltet, seine FHQu-Barkasse vertraute er mir an – obwohl ich zur Kaste der Juristen gehörte, die er im allgemeinen wegen »Mangels an gesundem Menschenverstand« und »hündischen Kriechens vor der jeweils etablierten Macht« verachtete.

Das Geld kam vom Eher-Verlag, es stammte aus den Millionen-Honoraren, die Hitler aus dem Verkauf seines zweibändigen Erinnerungs- und Propagandabuches »Mein Kampf« bezog. Bis 1943 war der Absatz der deutschsprachigen Ausgaben auf fast 10 Millionen Exemplare gestiegen; hinzu kamen noch Übersetzungen in 15 Weltsprachen, nicht zuletzt ins Chinesische. Manche Ähnlichkeit der »Worte des Vorsitzenden Mao« mit Hitlers Thesen aus »Mein Kampf« beruht somit möglicherweise nicht nur auf politischen Parallelen der beiden Volkstribunen.

Der Tageslauf im Führerhauptquartier wurde von den militärischen Lagebesprechungen um 12 Uhr, 18 Uhr und 24 Uhr bestimmt. Bei der Mittagsbesprechung verlangte Hitler zum Beispiel, daß alle gemeldeten Einsätze, bis hinab zur Bataillonsebene, überprüft würden. Er erwies sich dabei als sorgfältiger Leser des einschlägigen militärischen Schrifttums und als technisch versierter Improvisator, fußend freilich immer auf den »Erfahrungen« des Gefreiten und Meldegängers, der an 48 Schlachten des Ersten Weltkrieges teilgenommen hatte.

Hitler wußte sehr wohl, daß seine Aufrüstung bei Kriegsbeginn weder personell noch technisch abgeschlossen und einem Weltkrieg nicht gewachsen war. Nach seinen eigenen Worten fehlte ein revolutionärer Offiziers- und Generalsnachwuchs, der »improvisieren und politisch denken« konnte. Führungskräfte von dem Einfallsreichtum und Organisationstalent eines Großadmirals Raeder und der Marschälle von Manstein, von Kluge und Rommel waren nach seiner Darstellung ebenso knapp wie »Haudegen mit Kopf«, wie etwa der U-Boot-Kämpfer Dönitz, die Marschälle Küchler und Kesselring oder die Generale Dietl, Sepp Dietrich und von Richthofen.

Gegenüber militärischen »Beamten« wie Halder mit ihrem vorsichtigen Wägen, ihren ewigen Bedenken, ihrem Mangel an strategischer Phantasie vermißte er »Tatmenschen« wie etwa den ehemaligen SA-Stabschef Röhm, der noch bei seiner Verhaftung 1934 in Bad Wiessee gehöhnt hatte: »Soll doch der Adolf mich selber erschießen!«

Solche »Kerle«, die für ihr Ziel glatt das eigene Leben aufs Spiel setzten, waren zu fürchten. Ihnen traute Hitler, ebenso wie Fanatikern und Auslandsagenten, ein Attentat auf seine Person zu und sicherte sich dagegen. Von den Militärs im Führerhauptquartier fürchtete er dergleichen nicht. Bei Tisch gab es keine Sicherung, selbst sein Magenelixier stand ständig unverschlossen herum.

Was Hitler wirklich dachte, sagte er bei Tisch

Auf Menschen, die wie ich neu in seinen Gesichtskreis traten, wirkte Hitler in jener Zeit (1942) irgendwie faszinierend: sein intensiver Blick, sein äußerlich schlichtes Auftreten, seine österreichische Galanterie – bei Veranstaltungen mit Damen küßte er auch seinen Sekretärinnen stets die Hand – und die Überzeugungskraft, mit der er auf seine Zuhörer einredete, gaben ihm ein besonderes Fluidum. Er wußte und schulte das. Selbst bei Massenversammlungen bohrten sich seine Augen förmlich in die Augen der Teilnehmer: Jeder einzelne sollte den persönlichen Kontakt fühlen.

Diese Faszination beruhte am allerwenigsten auf dem von Goebbels inszenierten Propagandarummel und Führerkult. Dagegen beherrschte Hitler die Kunst der Menschenbehandlung und konnte sich in einzelne ebensogut hineindenken wie in die »feminine« Masse. Im Gespräch vertrat er immer den Standpunkt, der einzelne könne nur wenig zur Fortentwicklung des menschlichen Gesamtwissens beitragen. Konversations-Lexika, besonders »Der Große Brockhaus«, waren daher seine Lieblingslektüre; er hatte sie stets zur Hand, um Fakten zu überprüfen, diskutierte das Gelesene mit seinen Besuchern oder trug es bei den Tischgesprächen aus dem Gedächtnis vor.

Gern schimpfte Hitler bei Tisch auf politisierende Priester, die ihm »in sein Diesseitshandwerk hineinpfuschten«, und haderte gegen die versteinerten Dogmen der katholischen Kirche; dennoch trat er nie aus der Kirche aus, zahlte pünktlich seine Kirchensteuer, zwang Bormann zur Rücknahme eines Parteierlasses über »die Unvereinbarkeit von Nationalsozialismus und Christentum« und verspottete im kleinen Kreis Rosenberg und Himmler mit ihren selbstgebastelten Mythen und Germanenkulten als »spinnerige Jenseitsapostel«. Seit seiner Zeit als Ministrant und Chorknabe des Klosters Lambach bewunderte er die römisch-katholische Kirche, ihre Organisation, ihre Zeremonien, Symbole und Fahnen und kopierte sie für seine Diesseitsbewegung bis in letzte Details.

Absolut verschlossen war Hitler bei Staatsgeheimnissen. Über seine Judenvernichtung in den KZs sagte er uns bei den Tischgesprächen kein Wort; noch am 24. Juli 1942 sprach er uns gegenüber von der Errichtung eines jüdischen Nationalstaats auf Madagaskar. Trotzdem ist aus den Tischgesprächen zu ersehen, wie abgrundtief ein Fanatiker wie Hitler Menschen anderer Rasse kollektiv hassen kann. Um so mehr zu bewundern ist der Mut von Papst Pius XII., der zusammen mit dem Genfer Weltkirchenrat auf Grund der Asyl-Funktion der Kirche mehr als eine Million Juden vor Himmlers Schergen retten ließ und dabei die Besetzung und Lähmung des Vatikans riskierte (vgl. Hitlers Drohung im Tischgespräch vom 13. Dezember 1941).

Da die »Tischgespräche« die einzige originale Primärquelle über Hitler sind, die weder er selbst noch ein Dritter unter irgendwelchen Zweck-Gesichtspunkten überarbeitet hat, war ein das Textwerk ergänzender Bildband aus historischen Gründen ein echtes Anliegen. Viele Fotos durften damals nicht veröffentlicht werden; sie zeigen Hitler ebenso ungeschminkt, wie die Zitate aus den Tischgesprächen sein wahres Denken enthüllen. Natürlich konnten für diesen Bildband nur kurze, prägnante Zitate ausgewählt werden, sinngemäße Umstellungen und Zusammenfassungen waren erforderlich. Jedem Zitat ist deshalb das Datum vorangestellt, damit der Leser im Original-Textband »Hitlers Tischgespräche« den vollen Wortlaut nachlesen und so das Vabanquespiel des Diktators selbst studieren kann.

1. September 1939. Deutsche Truppen fallen in Polen ein, Hitler spricht vor dem Reichstag in Berlin: ». . . Ich will jetzt nichts anderes sein als der erste Soldat des Deutschen Reiches! Ich habe damit wieder jenen Rock angezogen, der mir selbst der heiligste und teuerste war. Ich werde ihn nur ausziehen nach dem Sieg, oder – ich werde dieses Ende nicht erleben. . . .«

I. Teil: Die Führerhauptquartiere

Hitler an den Fronten des Zweiten Weltkrieges

»Den Sieg schenkt die Vorsehung immer dem, der das ihm geschenkte Gehirn richtig anwendet.«

Hitler am 27. Februar 1942

»Geheime Reichssache« waren die Fotos, die Heinrich Hoffmann im Laufe des Zweiten Weltkrieges in Hitlers Hauptquartieren aufnahm. Erst nach dem Sieg wollte Hitler ihre Veröffentlichung gestatten. Bis auf wenige Aufnahmen, die nach dem Attentat vom 20. Juli 1944 freigegeben und seitdem veröffentlicht wurden, ist dies die erste umfassende Bilddokumentation über die Führerhauptquartiere, die Kommandostellen, von denen aus Hitler seinen Krieg führte.

Die Hauptquartiere (FHQu) waren:

1. Hitlers Sonderzug in den Feldzügen gegen Polen, Jugoslawien und Griechenland.
2. Die Bunkeranlage »Felsennest« im rückwärtigen Gebiet des Westwalls, »Wolfsschlucht« in Bruly de Pêche und »Tannenberg« auf dem Kniebis im Schwarzwald im Feldzug gegen Frankreich. Bei der Ardennenoffensive 1944: »Adlerhorst« bei Ziegenberg im Taunus.
3. »Wolfsschanze« bei Rastenburg und »Werwolf« bei Winniza in der Ukraine.
4. Der Berghof auf dem Obersalzberg bei Berchtesgaden und Schloß Kleßheim im Salzburgischen.
5. Die Reichskanzlei in Berlin.

Weitestes Vordringen deutscher Truppen und ihrer Verbündeten im Zweiten Weltkrieg

Deutschland in den Grenzen von 1937

Führerhauptquartiere

Heutige Staatsgrenzen

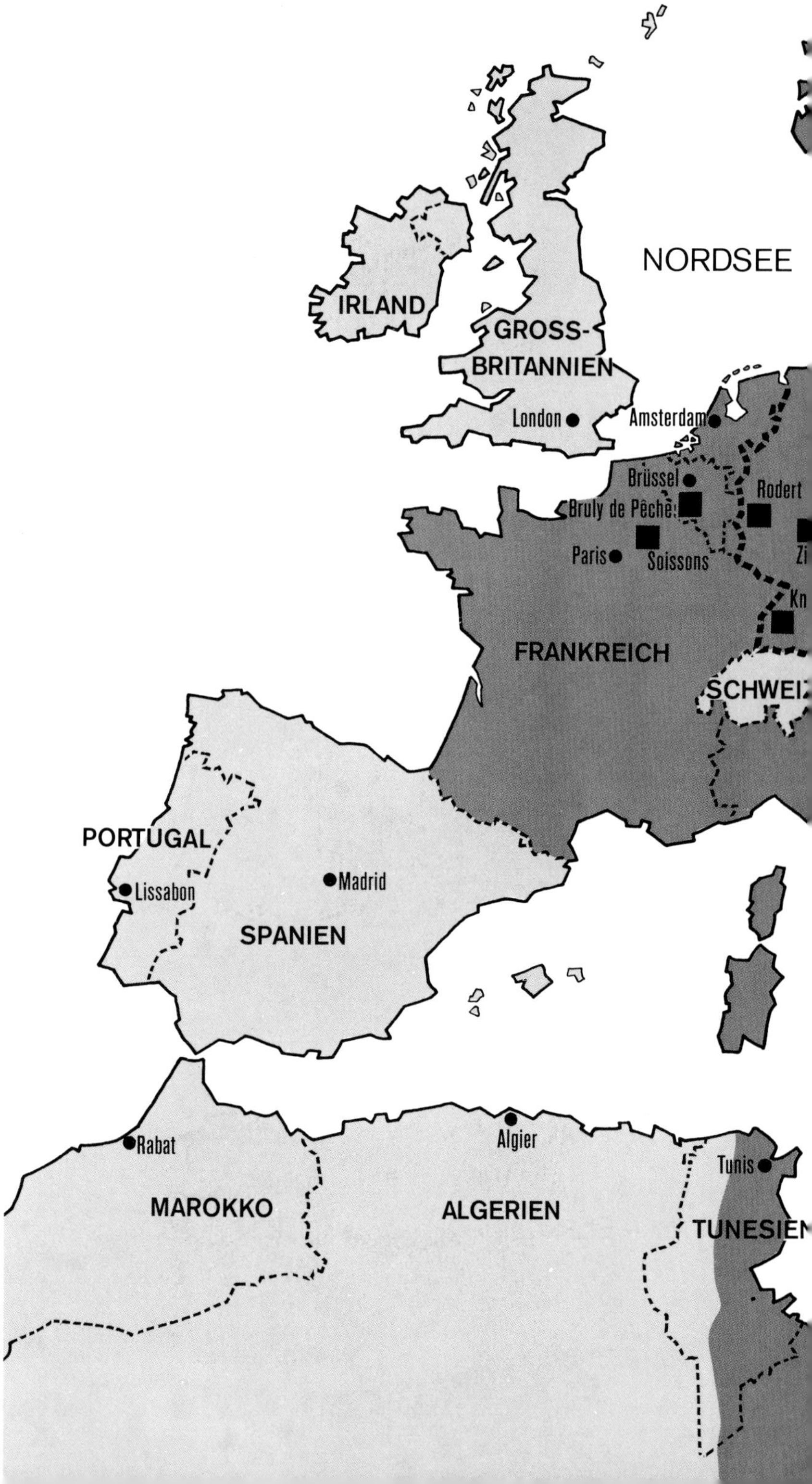

500 km
FINNLAND
SCHWEDEN
Helsinki
Leningrad
Stockholm
Wolga
Moskau
OSTSEE
Kopenhagen
Goddentow-Lanz
Zoppot
Rastenburg
Minsk
Polzin
Groß-Born
Gomel
SOWJETUNION
Warschau
POLEN
Stalingrad
Don
Jllnau
Prag
TSCHECHO-SLOWAKEI
Dnjepr
Winniza
Rostow
Wien
Schloß Klessheim
Budapest
Odessa
Mönichkirchen
UNGARN
RUMÄNIEN
Belgrad
Bukarest
SCHWARZES MEER
JUGOSLAWIEN
BULGARIEN
Sofia
ALB.
Ankara
TÜRKEI
GRIECHENLAND
Athen
SYRIEN
MITTELMEER
Tobruk
El Alamein
ÄGYPTEN
Kairo

Der Führersonderzug

Hitlers erstes Hauptquartier im Zweiten Weltkrieg

Drei Tage nach dem deutschen Überfall auf Polen, am 3. September 1939, erklären England und Frankreich Deutschland den Krieg.
Am Abend dieses Tages verläßt Hitler Berlin und begibt sich im Sonderzug an die polnische Front. Das erste Führerhauptquartier (FHQu) besteht aus je einem Flakwagen am Anfang und Ende des Zuges, mehreren Wagen für Nachrichtenübermittlung und Presse, je einem Arbeits- und Wohnwagen für Hitler, Schlafwagen zur Unterbringung des Stabes und einem Speisewagen. Außer den militärischen Adjutanten, Verbindungsoffizieren und Parteifunktionären begleiten Hitler der Chef des Oberkommandos der Wehrmacht (OKW), Generaloberst Keitel, und der Chef des Wehrmachtführungsstabes (WFSt), Generalmajor Jodl. Kommandant des rollenden Hauptquartiers ist Oberst Erwin Rommel, der spätere Generalfeldmarschall.
Der »Führersonderzug« wird zunächst in Polzin, dann Groß-Born und später auf dem Bahnhof von Illnau bei Oppeln abgestellt. Von hier aus fährt Hitler im Pkw zu den Truppen und läßt sich von den Kommandeuren die Lage vortragen. Mitte September rollt der Zug nach Goddentow-Lanz, und das Kasino-Hotel Zoppot wird vorübergehend als Hauptquartier bezogen. Mit dem Flugzeug begibt sich Hitler an die Einschließungsfront nach Warschau.
Am 26. September kehrt er nach Berlin zurück. Nur noch einmal, im Krieg gegen Jugoslawien und Griechenland im April 1941, benutzt Hitler den Sonderzug als Hauptquartier.

August 1939. Hitler sagt den für September geplanten »Parteitag des Friedens« ab. Er ist entschlossen, »das Problem Polen aus der Welt zu schaffen«. Der Freiwillige des Ersten Weltkrieges, der gerade sein 25jähriges Soldatenjubiläum feiern ließ, befiehlt der deutschen Wehrmacht den Angriff. Auf dem Weg an die Front feiern Volksdeutsche den »Befreier«.

Bewacht von Soldaten des »Führerbegleitkommandos«: der Sonderzug zur Zeit des Jugoslawien- und Griechenlandfeldzuges in Mönichkirchen.

Mehrere Wagen des rollenden Hauptquartiers dienen der Nachrichtenübermittlung. Hitler und sein Stab sind ständig mit den politischen und militärischen Dienststellen in Deutschland und an der Front verbunden.

Das Begleitkommando (links) in Erwartung Hitlers, der im Laufe des Polenfeldzuges den Sonderzug täglich zu Frontfahrten verläßt.

Arbeits- und Aufenthaltsraum Hitlers im »Führersonderzug«, in dem die täglichen Lagebesprechungen stattfinden.

Luftwaffenadjutant von Below begleitet Hitler beim morgendlichen Spaziergang.

In den letzten Stunden des Polenfeldzuges setzen österreichische Regimenter über den San. Augenzeugen: Hitler und sein Gefolge. – Am 5. Oktober 1939 zieht Hitler in der Pose des Siegers, aber auch von Maschinengewehren geschützt, weil er stets Attentate fürchtet, in Warschau ein. Tausende von Sicherheitsposten säumen die Straßen, kein Pole darf sich an den Fenstern blicken lassen. Die Stadt ist von den vorausgegangenen Kämpfen und den Bombenangriffen stark mitgenommen.

Ein Präsent für den »Feldherrn«, eine polnische Regimentsfahne. Fünfeinhalb Jahre später, im Mai 1945, werden die Fahnen der geschlagenen deutschen Armeen auf dem Roten Platz in Moskau verbrannt.

Gespräche mit Staatsgästen — Mussolini, Franco, Pétain — führt Hitler oft in seinem Sonderzug. Vor ihrem Eintreffen überzeugt er sich von den Vorbereitungen und bestimmt selber die Tischordnung. Auch auf der Fahrt in den Urlaub nach Berchtesgaden (rechts) läßt sich Hitler von den Mitarbeitern seines Hauptquartiers begleiten. Von links: der Marineadjutant, Kapitän z. S. von Puttkamer, Martin Bormann, Hitler.

Unterwegs nehmen Heeresadjutant Engel (Mitte) und Marineadjutant von Puttkamer Post für das FHQu entgegen.

Flakwagen am Anfang und Ende des Zuges sichern das rollende Hauptquartier gegen Fliegerangriffe.

Im Westfeldzug

»Felsennest«, »Wolfsschlucht«, »Tannenberg« und »Adlerhorst«

Am 9. April 1940 gibt Hitler den Befehl, Dänemark und Norwegen zu besetzen. Von der Berliner Reichskanzlei aus leitet sein militärischer Stab die Operationen. Noch vor Abschluß der Kämpfe in Norwegen beginnt am 10. Mai der Angriff im Westen. Wieder überfallen deutsche Truppen neutrale Staaten, sie besetzen Luxemburg, Belgien und die Niederlande.

Bereits im September 1939 war für den Westfeldzug mit dem Ausbau des Gutshofes Ziegenberg als Hauptquartier begonnen worden. Doch Hitler lehnt das Herrenhaus in den östlichen Ausläufern des Taunus ab. Erst im Dezember 1944 wird er von hier, vom FHQu »Adlerhorst«, die Ardennenoffensive leiten. Zum Standort seines ersten Hauptquartiers im Westen bestimmt er das Dorf Rodert bei Münstereifel, 30 Kilometer von der deutsch-belgischen Grenze entfernt.

Im Morgengrauen des 10. Mai trifft er in der Bunkeranlage »Felsennest« ein. Der Vormarsch der deutschen Truppen erfordert am 6. Juni 1940 die Verlegung des Führerhauptquartiers nach Bruly de Pêche, 9 Kilometer nordwestlich von Rocroi in Belgien. Hitler gibt dem Gefechtsstand den Namen »Wolfsschlucht«. Sein Bunker liegt in dichtem Unterholz, und Mücken plagen ihn so, daß er sich hier nicht wohl fühlt.

Am 25. Juni 1940 schweigen die Waffen in Frankreich. Für kurze Zeit verlegt Hitler sein Quartier auf den Kniebis im nördlichen Schwarzwald (»Tannenberg«); von hier aus besichtigt er die Maginotlinie im Elsaß, die Vogesen, Straßburg und die Rheinniederung bei Breisach. Am 6. Juli kehrt er nach Berlin zurück.

Der Führerbunker im Hauptquartier »Felsennest« bei Münstereifel, gegen Erd- und Luftsicht gut getarnt. Von hier aus leitet Hitler in der ersten Phase des Westfeldzuges die Operationen der deutschen Wehrmacht.

Lagebesprechung. Hitler und seine militärischen Mitarbeiter: General Jodl, Major Deyhle und Generaloberst Keitel.

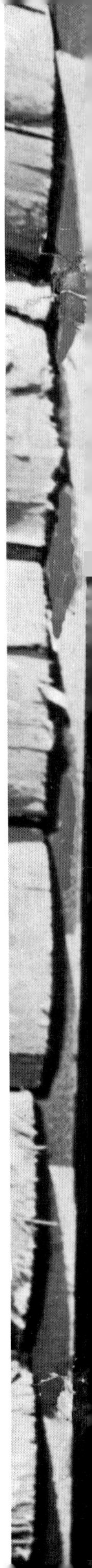

Systematisch versucht Hitler die Oberbefehlshaber der drei Wehrmachtteile von der militärisch-strategischen Planung auszuschalten. Bei ihren Besuchen im Hauptquartier gibt er nur bedingt Auskunft über seine Vorhaben und weiht sie meist zu spät in seine »unabänderlichen Entschlüsse« ein. Oben: mit Generalfeldmarschall Göring vor der Lagekarte. Unten, von links: Hitler-Arzt Brandt (verdeckt), General Bodenschatz, Adjutant Schaub, Gesandter Hewel, Göring (mit dem Rücken zur Kamera) und Hitler.

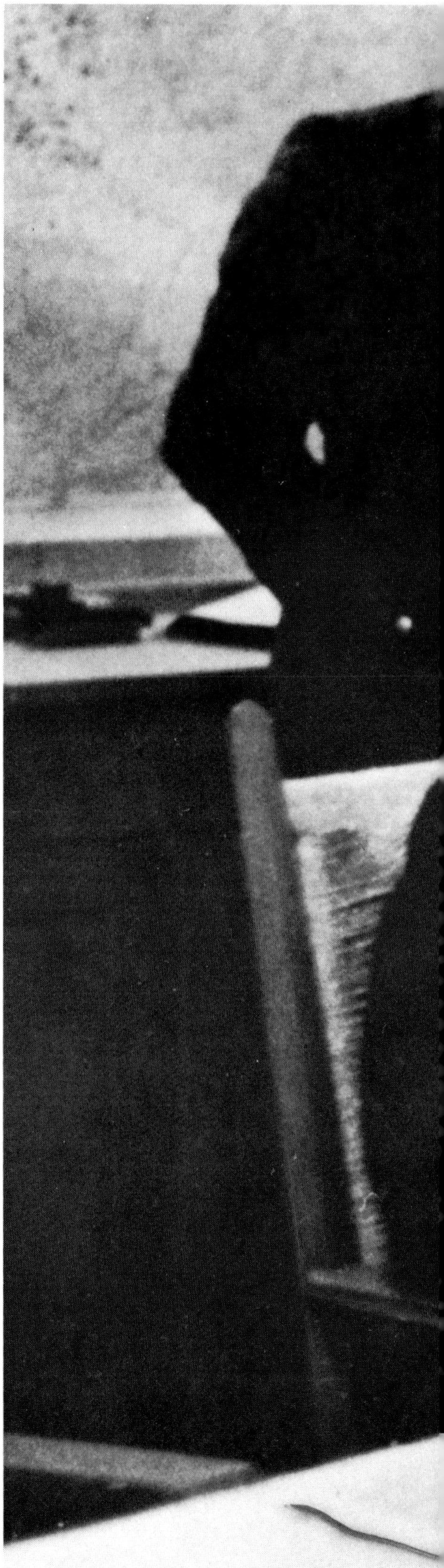

Noch genießt Tischgesprächspartner Hermann Göring Ansehen bei seinem Führer. Die Luftwaffe, die er für ihn aufbaute, ist bis zur Stunde maßgeblich an den militärischen Erfolgen beteiligt.

Ein Feldflugplatz in der Nähe des FHQu »Felsennest«. Hier starten und landen die »Spitzen von Partei und Wehrmacht«, wenn sie im Hauptquartier Vortrag halten müssen. Die Wagenkolonne des Begleitkommandos ist aufgefahren – Hitler wird von einem Flug an die Front zurückerwartet.

Gartenidyll im Hauptquartier »Felsennest«. Brav hocken der Oberbefehlshaber der Marine, Großadmiral Raeder, und der Chef des OKW, Generaloberst Keitel, vor ihrem Führer. Keitel nennt Hitler nach dem Sieg im Westen »den größten Feldherrn aller Zeiten«. Raeder denkt da etwas anders; denn Hitler befiehlt ihm, die riskante Landung auf der britischen Insel vorzubereiten, als die Engländer auf seine plötzliche »Friedensbereitschaft« ablehnend reagieren.

Ein Lexikon und ein Baedeker von Frankreich liegen als Nachtlektüre auf dem Tisch in Hitlers »Felsennest«-Schlafraum. Ersatz für die Lesebrille: eine übergroße Lupe.

Bei Kriegsausbruch 1914 meldet sich der 25jährige Hitler freiwillig. Vier Jahre kämpft er an der Westfront. Sein höchster Dienstgrad ist Gefreiter. 1940 besiegen deutsche Armeen Frankreich. Hitler, inzwischen 51 Jahre alt, ist ihr Oberster Befehlshaber. Drei Tage nach Übergabe der Waffenstillstandsbedingungen an die Franzosen begibt er sich mit den Kameraden des Ersten Weltkrieges, Max Amann (oben) und Ernst Schmidt (links unten im Gespräch mit Hitler und seinem Gefolge), an die Stätten gemeinsamer Erlebnisse.

In Fournes bei Lille lag Hitler im 1. Weltkrieg im Quartier. Jetzt kehrt der ehemalige Meldegänger des kaiserlichen Heeres als »Führer« der Deutschen zurück.

Zur Erinnerung an die Einquartierung bewahrte der französische Hausbesitzer ein Bild seiner deutschen »Gäste«. Hitler rechts außen sitzend.

Das evakuierte belgische Dorf
Bruly de Pêche wird Hitlers zweites Hauptquartier im Westfeldzug. In der Dorfkirche arbeiten Mitglieder der Wehrmachtführung die Waffenstillstandsbedingungen für Frankreich aus. Am 25. Juni 1940 erwartet Hitler hier das Ende der Kampfhandlungen. Hornisten blasen um 1.35 Uhr das Signal: »Das Ganze halt! Der Krieg in Frankreich ist beendet.« Links: Hitler, sein Pressechef Dr. Dietrich und Ordonnanzen verlassen die Kirche von Bruly de Pêche.

Vorbild oder Mahnung? Nach den Verhandlungen in Compiègne schaut Hitler im Invalidendom zu Paris nachdenklich auf den Sarkophag Napoleons hinab.

Im Wald von Compiègne kapitulierten Vertreter der deutschen Reichsregierung vor den Siegern des Ersten Weltkrieges. Ein Gedenkstein erinnerte daran: »Hier scheiterte am 11. November 1918 der verbrecherische Hochmut des deutschen Kaiserreiches, besiegt durch die freien Völker, die es sich zu unterjochen anmaßte.« Am 21. Juni 1940 nimmt Hitler in Compiègne die Kapitulation der Franzosen entgegen. Den Gedenkstein, den er hier zusammen mit Brauchitsch, Raeder, Göring, Ribbentrop und Heß betrachtet, läßt er vernichten.

Besichtigungsfahrt durch das eroberte Frankreich: die Führerkolonne im Elsaß (links). Vom Hauptquartier »Tannenberg« auf dem Kniebis besucht Hitler nach dem Waffenstillstand Kampfstätten des Feldzuges und besichtigt Panzerwerke der Maginotlinie. Seinen Soldaten (oben) zeigt er sich als leutseliger Sieger.

»Stille Nacht, heilige Nacht« singen die Soldaten der Leibstandarte, als Hitler sie Weihnachten 1940 in Metz besucht. Sie glauben, daß im neuen Jahr die Auseinandersetzung mit England bevorsteht. Ebensowenig wie ihr Kommandeur Sepp Dietrich (links von Hitler) ahnen sie, daß ihr Führer längst entschlossen ist, sie in einen Angriffskrieg gegen die Sowjetunion zu schicken.

»Wolfsschanze«

Hitlers erstes Hauptquartier im Rußlandfeldzug

Am 22. Juni 1941 läßt Hitler seine Armeen gegen die Sowjetunion marschieren. Bereits im November des Vorjahres hat er im Osten des Reiches nach einem geeigneten Gefechtsstand für sich suchen lassen. Die Wahl fiel schließlich auf den Forst Görlitz im Stadtwald von Rastenburg (Ostpreußen).
Zusammen mit der Feldstaffel des Wehrmachtführungsstabes (WFSt) trifft Hitler dort am 24. Juni 1941 ein. Südlich der Straße und Eisenbahnlinie, die Rastenburg und Angerburg verbinden, beziehen im Sperrkreis II die Kommandostellen der Wehrmacht die vorbereiteten Quartiere. Knapp einen Kilometer nördlich davon, im Sperrkreis I, liegen Hitlers Bunker und die Arbeits- und Wohnräume der obersten Wehrmacht- und Parteiführung. Acht oberirdische Bunker und verschiedene Holzbaracken sind durch einen dichten Wald gegen Erd- und Luftsicht geschützt.
Die Atmosphäre dieses Lagers wird von den meisten Bewohnern und gelegentlichen Besuchern als niederdrückend empfunden. Der dunkle ostpreußische Wald, der Arbeitstag, der sich später mit zunehmender Gefahr von Luftangriffen in oberirdischen Bunkern mit meterdicken und fensterlosen Betonmauern abspielt, geben ein Gefühl des Beengtseins. Vor dem Nürnberger Militärgerichtshof wird Generaloberst Jodl am 3. Juni 1946 aussagen: »Das Führerhauptquartier war eine Mischung zwischen einem Kloster und einem Konzentrationslager . . . Wir Soldaten waren dort nur zu Gast, und es ist nicht leicht, irgendwo fünfeinhalb Jahre zu Gast zu sein.«
Im »Führerbunker« finden die abendlichen Lagevorträge, findet ab Sommer 1942 auch die »Mittagslage« statt.
Bei den Hauptmahlzeiten im Kreis seiner engsten Mitarbeiter entstehen, hauptsächlich hier in der »Wolfsschanze«, aber auch in einigen anderen Hauptquartieren, von Juli 1941 bis August 1942 die Aufzeichnungen der Tischgespräche.

Dichter Wald verbirgt Hitlers Hauptquartier »Wolfsschanze« vor der Außenwelt. Nach Fertigstellung der oberirdischen Bunker sind auf den Dächern zur Tarnung wieder Bäume angepflanzt worden. In den Bunkern mit den meterdicken Mauern arbeiten die Mitarbeiter des Hauptquartiers ständig bei künstlichem Licht. Kaum ein Sonnenstrahl dringt durch die kleinen Fenster.

Hitler diktiert Obe
Christians neue Befeh
Ergebene Zuhö
(von links): Hew
Keitel, Dr. Dietri
Jodl, Schaub, Bode
scha

Die Wache ist herausgetreten. Hitler passiert das Tor zum Sperrkreis I.

Postbeamte hören die Sendungen ausländischer Rundfunkstationen ab und legen sie dem Führungsstab vor.

Hitlers Friseur aus dem Berliner Hotel Kaiserhof, Wollenhaupt (links im Bild), frisiert ihn und seine Mitarbeiter auch in der »Wolfsschanze«.

Blick vom »Führerzimmer« auf den Forst Görlitz, in dem sich das Hauptquartier verbirgt. Ständig patrouillieren Offiziere des Begleitkommandos um die Unterkunft des Diktators.

Tag und Nacht haben Offiziere die Telefonisten im Hauptquartier unter Kontrolle. Mithören ist verboten.

Der Arbeitsraum Hitlers. Die Besprechungen, die hier stattfinden, enden oft in langen Monologen des »Führers«.

Reichspressechef Dr. Dietrich und der Schriftleiter des Deutschen Nachrichtenbüros (DNB), Lorenz, bearbeiten die Nachrichten der Wehrmachtführung für die Presse.

Aus Angst vor Erkältungskrankheiten läßt Hitler für seine Mitarbeiter eine Sauna einrichten. Er selbst besucht sie nie.

Von der »Mitropa« ausgeliehen: Koch Günter, der auf Befehl Hitlers allen Insassen des Hauptquartiers nur Feldrationen servieren darf.

Sie folgen ihrem »Führer« auf Schritt und Tritt: Außenminister Joachim von Ribbentrop und Martin Bormann, der Parteisekretär, hier bei einem der häufigen Spaziergänge im Sperrkreis I der »Wolfsschanze«.

Die Tafelrunde ist der einzige Luxus, den sich Hitler während des Krieges leistet. Mit ihm am Tisch sitzen seine militärischen Mitarbeiter im Hauptquartier. Die braune Prominenz ist durch Bormann und Reichspressechef Dietrich vertreten. Der Sowjetstern, von einem abgeschossenen Flugzeug, hing nur drei Tage.

Ehrengäste (links) an Hitlers Tafel sind soeben mit hohen Orden ausgezeichnete Frontsoldaten. Sie dürfen an seiner Seite Platz nehmen. Im Hintergrund ein Diener.

Eine Brille mit goldenem Gestell trägt Hitler, wenn er nach Tisch den Wehrmachtsbericht redigiert und seiner Sekretärin, Gerda Daranowski, Änderungen diktiert. Im Hintergrund sein Arzt, Dr. Morell.

Die engsten Vertrauten Hitlers: der persönliche Adjutant Schaub, der Hitlers Terminkalender führt, seine Privatangelegenheiten regelt und aus den Einnahmen der Millionenauflage von »Mein Kampf« die Kosten für Sonderausgaben im Hauptquartier bestreitet; die Sekretärin Gerda Daranowski und Hitlers langjährige Chefsekretärin Johanna Wolff.

Wie ein Schatten hinter Hitler: die »graue Eminenz«, Parteisekretär Martin Bormann. Als sich das Kriegsglück wendet, verbietet er Hauptquartierbesuchern, dem »Führer« schlechte Nachrichten zu überbringen, angeblich, um seinen Gesundheitszustand zu schonen. Am Ende bestimmt Bormann sogar, wen Hitler noch sehen darf.

Hitlers Schäferhund »Blondi« ist ständiger Gast im Hauptquartier. Ein Hundepfleger bildet ihn »für den Fronteinsatz« aus. Stolz zeigt Hitler Gästen der Großindustrie, die ihn »an der Front« besuchen, die Dressur seines Hundes.

»Werwolf«

Hitlers zweites Hauptquartier im Rußlandfeldzug

Als sich der Schwerpunkt der Kämpfe an der Ostfront im Sommer 1942 in den Süden verlagert, siedelt Hitler mit seinen Mitarbeitern in die Ukraine um. Das neue Führerhauptquartier, 15 Kilometer von Winniza entfernt an der Straße nach Shitomir, erhält den Decknamen »Werwolf«. Es liegt in einem lichten Wald, dem einzigen inmitten großer Sonnenblumenfelder, und ist im Gegensatz zu Rastenburg leicht als militärische Anlage erkennbar. Mit Ausnahme von zwei Betonbunkern zum Schutz gegen Fliegerangriffe besteht der Gefechtsstand ausschließlich aus Blockhäusern und Baracken.

Ein sich über Wochen erstreckender wolkenloser Himmel und die starke sommerliche Hitze in Winniza werden von Hitler als sehr unangenehm empfunden. In diese Zeit fallen die Auseinandersetzungen mit seinen Militärs. Er entläßt seinen Generalstabschef Halder und überwirft sich im September 1942 mit dem Chef des Wehrmachtführungsstabes, Jodl, den er einen Lügner nennt. Fortan läßt er die täglichen Lagebesprechungen von Stenographen festhalten und meidet die gemeinsamen Mahlzeiten.

Nach seinem Aufenthalt im Hochsommer 1942 (Juli–Oktober) kehrt Hitler nur noch einmal für kurze Zeit im Februar–März 1943 nach Winniza zurück.

Hitlers Blockhaus im Hauptquartier »Werwolf«. Auch hier eine grob zusammengefügte Sitzgruppe im Freien, wie sie in keinem FHQu fehlen darf.

Ein Feuerlöschteich, von den Militärs als Badebecken zweckentfremdet, wird vom Nichtschwimmer Hitler besichtigt, doch nie benutzt.

Im Wald bei Winniza: ein Luftschutzbunker für Hitler und seine Mitarbeiter.

Im Sommer 1942 Hitler einsehen, daß ein Sieg über Sowjetunion in die Jahr nicht mehr gelin wird. Er stellt sich einen weiteren Wir feldzug ein und inspi in Winniza die Wir kampfausrüstung für Trup

Im Hauptquartier der Heeresgruppe Süd geben Hitler und der Chef des Wehrmachtführungsstabes, General Jodl, dem Duce einen Überblick über die Lage an der sowjetischen Front.

Arbeitsraum Hitlers im Hauptquartier Winniza. Links im Hintergrund der Kartentisch, an dem die täglichen Lagebesprechungen stattfinden.

Auf dem Feldflugplatz Uman (UdSSR) sind Hitler und Mussolini 1941 Gäste der Heeresgruppe Süd. Außer dem Gastgeber, Feldmarschall von Rundstedt (rechts neben Mussolini), werden alle Teilnehmer der Tischrunde eines unnatürlichen Todes sterben:
Hitler durch Selbstmord. Mussolini durch Mord. Keitel, Ribbentrop und Generaloberst Löhr werden hingerichtet.

Nächste Seite: Hitler und Mussolini an der Ostfront.

Der Berghof

Das Führerhauptquartier bei Berchtesgaden

Den Obersalzberg bei Berchtesgaden benutzt Hitler auch im Kriege zu längeren Erholungsaufenthalten. Aus dem einstigen Bauernbesitz Haus Wachenfeld, den er in den zwanziger Jahren erwarb, ist ein Herrensitz, der »Berghof«, geworden. Mit den Mitteln der »Adolf-Hitler-Spende« der Industrie hat Martin Bormann Grundstücke der Nachbarn aufgekauft und darauf Kasernen, Wohnhäuser für Bedienstete, Großgaragen und Gästehäuser bauen lassen und das Ganze zum Sperrgebiet erklärt.
Da sich Hitler schon in Friedenszeiten häufig auf den Berghof zurückzog, war unter Leitung des Chefs der Reichskanzlei, Lammers, am Ortsrand von Berchtesgaden eine Dependance der Berliner Reichskanzlei entstanden. Bei Hitlers Kriegsaufenthalten auf dem Berghof nehmen hier der Chef des Oberkommandos der Wehrmacht und des Wehrmachtführungsstabes Quartier. Die Feldstaffeln der beiden Abteilungen sind in den Sonderzügen und nahen Kasernen untergebracht. Wie in den Frontquartieren hält Hitler auch auf dem Berghof mit seinen militärischen Mitarbeitern zweimal am Tage eine Lagebesprechung ab.
Staatsgäste empfängt der Diktator dagegen auf Schloß Kleßheim. Dieses Gästehaus der Reichsregierung liegt im Salzburger Land, eine halbe Autostunde von Berchtesgaden entfernt. Als Hitlers Kriegsglück schwindet, macht er seine Militärs zu Statisten seiner politischen Gespräche. Vor den Regierungschefs verbündeter Staaten demonstriert er mit ihnen in Kleßheim sogenannte »Schau-Lagebesprechungen«, in denen von deutschen Niederlagen keine Rede ist. Im Gespräch unter vier Augen fällt es Hitler dann nicht mehr schwer, die Verbündeten bei der Stange zu halten.

Vor der Kulisse des Hohen Göll: Der Berghof nach dem Umbau zum Herrensitz des deutschen Diktators.

100 alliierte Bomber vernichten am 25. April 1945 den Besitz auf dem Obersalzberg in einem genau gezielten Punktangriff. Hitler saß zu dieser Stunde in der Reichskanzlei Berlin.

Erholung vom K
sucht Hitler auf ei
Spaziergang im Be
tesgadener Land. V
begleiterin: Henr
von Schirach, die
des »Reichsstatthalt
in Wien, ihre Toc
Angelika und H
Bl

Einst idyllischer Ferienort, nun Kaserne: Panorama des Obersalzbergs vor der Zerstörung.

Ein neuer Kampfanzug für die Infanterie wird von Hitler auf dem Kasernengelände des Obersalzbergs begutachtet, Soldaten des Regiments »Großdeutschland« stellen ihn vor. Vor der Exerzierhalle seiner »Leibstandarte« (links) läßt sich der »Führer« dann mit seinem militärischen Stab ein neues Geschütz für Gebirgstruppen vorführen – mitten im Kriege streng nach Exerzierreglement.

1 Postamt im Sperrgebiet
2 Gärtnerei
3 Wohnhaus der Chauffeure
4 Groß-Autogarage
5 Torhaus zum Sperrgebiet
6 Kaserne, Wirtschaftsgebäude
7 Kaserne, Exerzierhalle der Leibstandarte
8 Kasernenhof, unterkellert mit Schießständen
9 Kaserne, Wohnblock
10 Gästehotel »Der Platterhof«
11 Wohnhaus für Angestellte des Hotels Platterhof
12 Verwaltung Obersalzberg
13 Modellhaus für architektonische Planungen
14 Kindergartenhaus
15 »Berghof«
16 Reichssicherheitsdienst und Gestapo

Der Großadmiral auf dem Obersalzberg. 1945, kurz vor seinem Tode, ernennt Hitler Karl Dönitz zu seinem Nachfolger und zum Oberbefehlshaber der geschlagenen deutschen Wehrmacht.

Besondere Ehrung für Staatsgäste: der Empfang auf Hitlers Privatsitz, dem »Berghof«. Boris III., König der Bulgaren, begrüßt Keitel und Ribbentrop (oben) und schreitet an Hitlers Seite die Ehrenformation der »Leibstandarte« ab.

Jüngster Gast auf dem Berghof: Edda Göring, die Tochter des Oberbefehlshabers der Luftwaffe, und ihre Mutter Emmy Göring. Im Hintergrund: Luftwaffenadjutant von Below.

Geburtstagsgäste beim »Führer«, von links: Brandt, Frentz, Bormann, Heinrich Hoffmann, Schaub und Schirach. Hitler trägt in diesem Kreis sogar seine Brille, von der die Öffentlichkeit sonst nichts wissen darf.

Die »Hausdame« des Berghofs – wie Hitlers Geliebte Eva Braun uneingeweihten Besuchern vorgestellt wird – filmt den Hausherrn und späteren Ehemann und die Tochter einer Angestellten beim Morgenspaziergang.

20. April 1943: Verklungen sind die Siegesfanfaren, die schweren Abwehrschlachten im Süden der Ostfront haben ihre Wirkung nicht verfehlt. Der Diktator läßt sich an seinem 54. Geburtstag zwar mit den zur Gratulation erschienenen Kindern seiner Mitarbeiter Bormann, Brandt, Speer und Linge fotografieren – aber es wird ein beklemmendes, düsteres Bild.

Auf Schloß Klessheim bei Salzburg (oben) empfängt Hitler hohe Gäste der Reichsregierung. Meist schützt er früh im Jahr solche diplomatischen Besprechungen vor und flieht in dieses Refugium, wenn der lange osteuropäische Winter ihn in seinem Rastenburger Hauptquartier bedrückt. Seit der deutsche Angriff im Winter 1941/42 vor Moskau steckenblieb, haßt der oberste deutsche Kriegsherr Schnee und Eis als Verbündete seiner Feinde. – Links verlassen Hitler und Gefolge das Schloß, rechts: der »Führer« und sein Adjutant Otto Günsche in der Halle.

Wiener Kaffee lassen sich Hitlers Kammerdiener Linge und der Hausintendant, Kannenberg, servieren, während der »Chef« konferiert.

Am 6. Juni 1944, dem Tag der alliierten Invasion, empfängt Hitler Staatsgäste auf Schloß Klessheim. Zuvor wird in einer internen Besprechung die »Schau-Lage« geprobt. Bei der späteren Vorführung wird Hitlers goldene Brille fehlen. Und er wird, trotz der sich anbahnenden Niederlage, Siegesgewißheit ausstrahlen. Hinter Hitler: ein Adjutant der Luftwaffe, General Korten, Göring, Jodl, Warlimont und Keitel.

Den Salzburger Frühling genießen Hitler-Fahrer Kempka und die Offiziere des Sicherheitskommandos, Rattenhuber und Gesche.

Das Attentat

Der 20. Juli 1944 in der »Wolfsschanze«

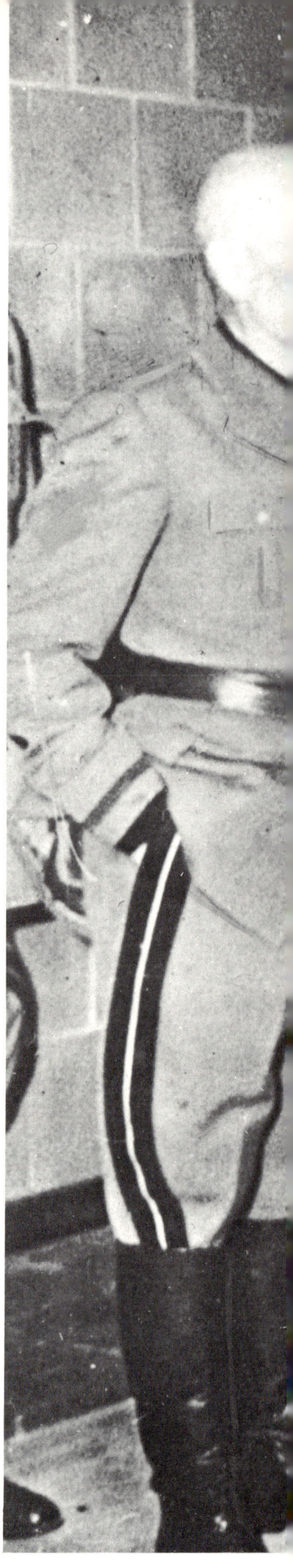

Am 6. Juni 1944 beginnt die angloamerikanische Invasion an der Küste der Normandie. Elf Tage später begibt sich Hitler nach Margival bei Soissons. Für 24 Stunden bezieht er das Hauptquartier »Wolfsschlucht II«, das er 1940 für die geplante Landung in England hatte bauen lassen. Als ihm die Feldmarschälle von Rundstedt und Rommel erklären, daß sie den Krieg für verloren halten, fliegt Hitler verärgert nach Berchtesgaden zurück. Hier hält er sich seit Februar des Jahres auf. Inzwischen wird in Rastenburg das Hauptquartier »Wolfsschanze« umgebaut. Zum Schutz gegen Fliegerangriffe erhalten alle Gebäude einen starken Betonmantel.
Wegen der Verschlechterung der Lage am Mittelabschnitt der Ostfront wartet Hitler das Ende der Bauarbeiten nicht ab. Am 16. Juli 1944 kehrt er nach viermonatigem Aufenthalt in Berchtesgaden nach Ostpreußen zurück. Er wird den »Berghof« nie wiedersehen.
Der 20. Juli ist ein heißer Sommertag. Da am Lagebesprechungsbunker noch gearbeitet wird, findet die Mittagslage in einer Baracke statt, die sonst zur Aufnahme von Gästen dient. Hitler hat den Beginn von 13 Uhr auf 12.30 Uhr vorverlegt, da er am Nachmittag Mussolinis Besuch erwartet. Gast der Lagebesprechung ist Oberst Graf Stauffenberg. Er soll Hitler über Neuaufstellungen für das Ersatzheer berichten. Doch sofort nach Beginn der Besprechung läßt sich Stauffenberg zu einem Telefonat herausrufen. Um 12.44 Uhr explodiert im Lageraum die Bombe, die er gelegt hat. Sie tötet vier Menschen und verletzt sieben andere schwer. Hitler platzen beide Trommelfelle, darüber hinaus trägt er nur geringe Verletzungen davon. Bereits um 15.30 Uhr empfängt er auf dem Bahnhof Görlitz den italienischen Diktator.

Nach dem Bombenanschlag auf Hitler – links: das zerstörte Lagezimmer – gelingt es dem Attentäter Graf Stauffenberg, die Wachen des Hauptquartiers (rechts) zu passieren und nach Berlin zu fliegen. Doch schon am Abend des 20. Juli ist der Putsch zusammengebrochen, wird Stauffenberg in Berlin erschossen.

Noch unter dem Schock des Attentats empfängt Hitler am Nachmittag Mussolini. Die Veröffentlichung dieses Fotos verbietet er (abgeschnittene Fotoecke).

Nach dem Attentat spricht Hitler aus dem Hauptquartier zum deutschen Volk. Er behauptet, das Komplott sei nur von einer kleinen Clique ehrgeiziger und gewissenloser Offiziere geschmiedet worden. Die Vorsehung habe ihn gerettet, damit er sein Werk vollenden könne. Fast 5000 Menschen läßt er für den mißglückten Anschlag hinrichten.

Die Rivalen: Reichsleiter Martin Bormann und Reichsmarschall Hermann Göring (mit Generalstabsoffizieren der Luftwaffe) bei der Tatortbesichtigung im zerstörten Lageraum. Wenige Tage vor Kriegsende läßt Hitler auf Bormanns Betreiben Göring, der den Krieg beenden und kapitulieren will, fallen.

Leibarzt Dr. Theo Morell, der den leichtverwundeten »Führer« nach dem Attentat versorgt, bei einem Spaziergang im Hauptquartier.

»Ein Zeichen des Himmels« nennt Mussolini (halbverdeckt hinter Göring) Hitlers Rettung bei dem Attentat. Am 20. Juli 1944 sehen sich die beiden Diktatoren in Hitlers Hauptquartier Rastenburg zum letzten Mal vor ihrem Tod.

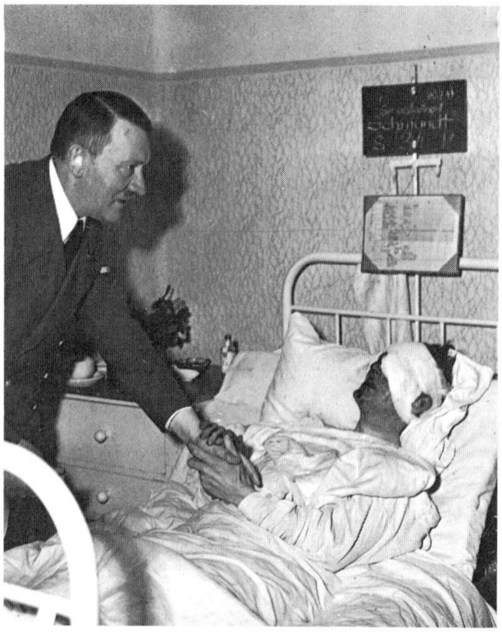

Hitler am Krankenbett seines beim Attentat verletzten Wehrmacht-Chefadjutanten Rudolf Schmundt, der bald darauf seinen Verwundungen erliegt.

Der Führerbunker

Hitlers letztes Hauptquartier im Zweiten Weltkrieg

Im November 1944 flüchtet Hitler vor den heranrückenden Sowjets aus der »Wolfsschanze« in Ostpreußen. Sein Hauptquartier wird wieder die Reichskanzlei in Berlin, die er nur noch einmal für kurze Zeit verläßt, um vom Gutshof Ziegenberg, dem »Adlerhorst«, die Arnennen-Offensive zu leiten. Am 16. Januar 1945 kehrt er in die Reichskanzlei zurück. Er ist fest entschlossen, zu verwirklichen, was er 1933 bei der Machtübernahme seinen nächsten Parteigenossen versprochen hat: »Hier bekommt mich niemand mehr lebend heraus!«

Die Reichskanzlei in der Wilhelmstraße 77/78 wurde 1736 erbaut und 1875 vom Reich erworben. 1878 fand hier der Berliner Kongreß statt, der nach dem russisch-türkischen Krieg die Verhältnisse auf dem Balkan klären sollte. Als erster Kanzler des Deutschen Reiches war Otto von Bismarck der Hausherr. Im 1. Stock mit Fenster zum Wilhelmplatz wird nach einem Erweiterungsbau in der Weimarer Republik das Arbeitszimmer des Reichskanzlers untergebracht. Am Abend des 30. Januar 1933 nimmt Hitler von einem der Fenster dieses Zimmers den Vorbeimarsch seiner Anhänger ab. Ende 1934 läßt er dort einen Balkon anbringen, um sich der Menge besser zeigen zu können. 1938 erteilt er seinem Architekten Albert Speer den Auftrag für den Bau der Neuen Reichskanzlei, einem Anbau im monumentalen Stil. 1943 entsteht der »Führerbunker« im Garten der Reichskanzlei.

1945 ist der ganze riesige Komplex nach den Kämpfen um Berlin stark beschädigt. Die Sowjets lassen die Mauern abtragen und den Bunker, in dem Hitler seine letzten Befehle erteilte und sich das Leben nahm, sprengen.

Nach der Niederlage Polens empfängt Hitler in seinem Arbeitszimmer in der Reichskanzlei die siegreichen Heerführer (er begrüßt General v. Küchler, daneben Generalstabschef Halder). Sechs Jahre später, wenige Wochen vor dem Zusammenbruch, entläßt er Generalstabschef Guderian (rechts beim Betreten der Reichskanzlei), der die deutschen Panzerspitzen bis kurz vor Moskau führte. Hitler versucht eine neue Dolchstoßlegende zu schaffen: »Auf meinen Grabstein müßte man setzen: Er war das Opfer seiner Generale!«

Der »Ehrenhof« der Reichskanzlei im Mittelpunkt des deutschen Regierungssitzes nach seiner Fertigstellung 1939. Durch das Tor im Hintergrund geht es durch lange weite Säle zu den Arbeitsräumen Hitlers.

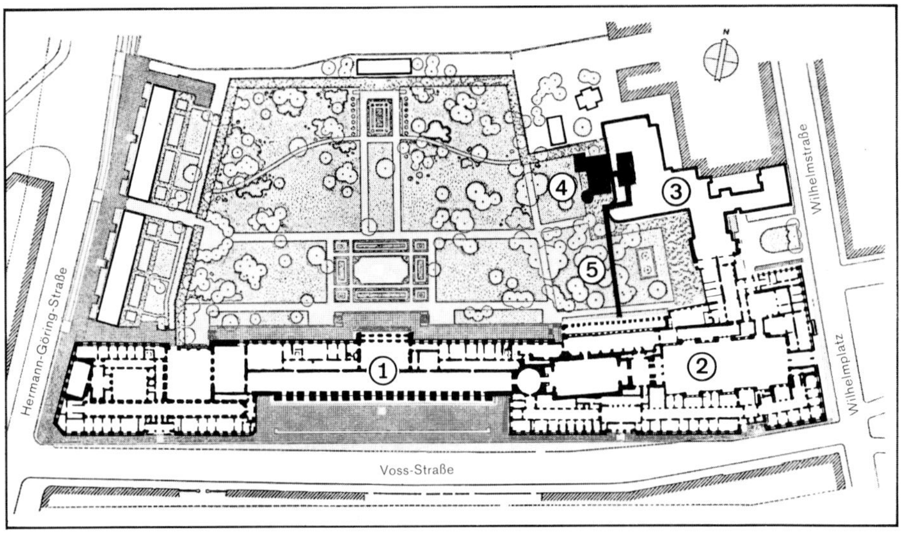

Übersichtsplan der Reichskanzlei mit den Umbauten durch Hitler:

1 Die neue Reichskanzlei, Erweiterungsbauten von 1938/39
2 Der Ehrenhof
3 Die alte Reichskanzlei
4 Der Führerbunker mit dem Vorbunker
5 Unterirdischer Verbindungsgang zu den Luftschutzbunkern unter der neuen Reichskanzlei

Hitlers letztes Hauptquartier, der Bunker im Garten der Berliner Reichskanzlei:

1 Schlafzimmer Hitlers
2 Wohnraum Hitlers, in dem er mit Eva, geb. Braun, Selbstmord verübt
3 Lageraum
4 Aufenthaltsraum vor der Wohnung
5 Eva Brauns Wohn- und Schlafraum
6 Heizung
7 Telefonzentrale

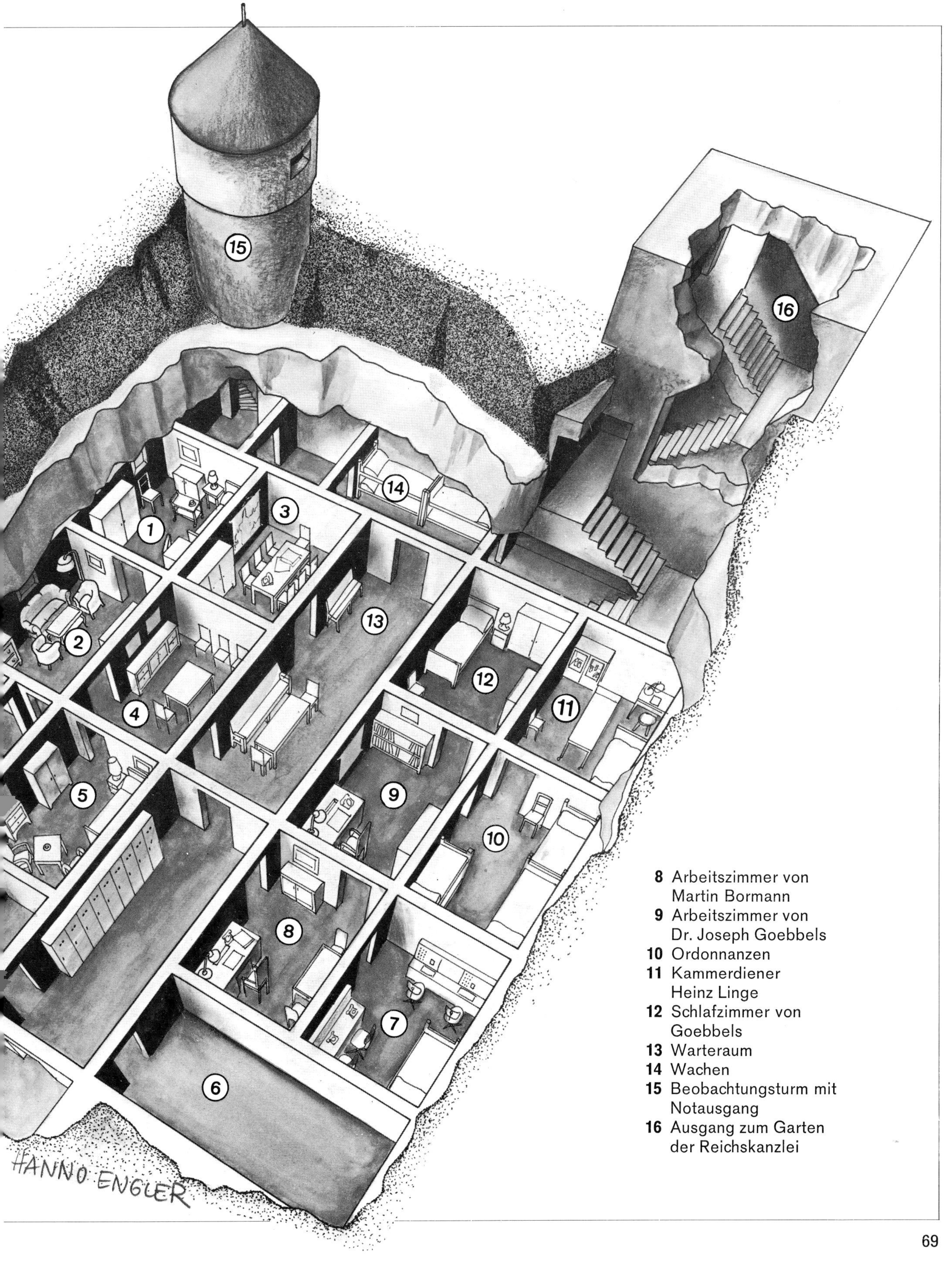

8 Arbeitszimmer von Martin Bormann
9 Arbeitszimmer von Dr. Joseph Goebbels
10 Ordonnanzen
11 Kammerdiener Heinz Linge
12 Schlafzimmer von Goebbels
13 Warteraum
14 Wachen
15 Beobachtungsturm mit Notausgang
16 Ausgang zum Garten der Reichskanzlei

In den ersten Tagen des Feldzuges gegen Polen ist Hitlers Hauptquartier die Berliner Reichskanzlei. Auch bei der Invasion Dänemarks und Norwegens (Fotos) und immer, wenn ihn im Verlauf des Krieges der Weg über Berlin führt, finden im Bundesratssaal der alten Reichskanzlei die Lagebesprechungen statt. Aus Furcht vor schweren Bombenangriffen zieht Hitler nach dem Fehlschlag der Ardennenoffensive endgültig in den Bunker im Garten der Reichskanzlei.

In den letzten Tagen seines Lebens: Hitler, mit Adjutant Schaub, in den Trümmern der Reichskanzlei (rechts). Der Mann, der ausgezogen war, Europa zu erobern, befehligt nur noch Kompanien beim Kampf um die Reichshauptstadt. Bevor die Sowjets die Reichskanzlei erobern, heiratet er am 29. April 1945 im Führerbunker seine langjährige Geliebte Eva Braun. Am 30. April nachmittags gegen 15.30 Uhr verübt er mit seiner Frau Selbstmord. – Unten: Blick in den Ehrenhof nach dem Ende der Kämpfe um Berlin. Die Sowjets ließen die Reichskanzlei abtragen und bauten aus ihren Steinen Wohnhäuser in Moskau und ein Ehrenmal in Berlin-Treptow.

»Trotz aller Schwere der Zeit bin ich davon überzeugt, daß wir bei diesem Kampf den Sieg erringen werden.« Das sagt Hitler noch am 20. März 1945. Er sagt es vor 16- und 17jährigen Hitlerjungen, die er im Garten der Reichskanzlei empfängt (Bild) und anschließend wieder in den sinnlosen Kampf schickt. 1933 hatte er bei einem Interview behauptet: »Unsere Jugend ist unsere einzige Zukunftshoffnung. Glauben Sie, daß wir sie aufziehen, nur um sie wieder auf dem Schlachtfeld zu opfern?« Auf dem Bild, von links: Reichsjugendführer Axmann, SS-General Fegelein, Hitlers Schwager, der auf »Führerbefehl« in letzter Minute erschossen wird, Adjutant Schaub, Adjutant Günsche und der letzte Chefadjutant der Wehrmacht, General Burgdorf.

2. Teil: Die Tischgespräche

Hitlers Äußerungen in seiner privaten Tafelrunde, Juli 1941 bis Juli 1942

Die Zitate der Tischgespräche auf den Seiten 75–106 sind von Dr. Henry Picker erarbeitete Auszüge aus gelegentlichen Tischstenogrammen des Ministerialrats Heinrich Heim; sie sind daher als wörtliche Äußerungen Hitlers in direkter Rede wiedergegeben.
Die nachfolgenden Zitate, von Seite 109 bis zum Schluß, entstammen den Aufzeichnungen von Dr. Henry Picker (siehe dazu sein Vorwort über die Entstehung der Tischgespräche, Seite 6).
Da sich Dr. Picker bei Tisch nur Stichwortnotizen machen konnte, die er gleich anschließend unter Wahrung der wesentlichen Gedanken Hitlers und seiner Redewendungen ausarbeitete, ist dieser Teil der Zitate in indirekter Rede abgefaßt.
Allen Zitaten ist das Datum des jeweiligen Tischgesprächs vorangestellt.
Der Leser hat dadurch die Möglichkeit, in dem Originalwerk »Hitlers Tischgespräche im Führerhauptquartier 1941/42«, den vollen Wortlaut nachzuschlagen.

»Fast immer redet er. Und er kann Führer sein soviel er will, schließlich wiederholt er doch immer die gleichen Dinge und ödet seine Zuhörer an.«
Magda Goebbels zu Graf Ciano

Venedig, Juni 1934: Hitler trifft zum erstenmal Mussolini. Der Duce, seit zwölf Jahren Regierungschef Italiens, behandelt den deutschen Reichskanzler herablassend, wie ein Meister seinen Lehrling (linke Seite).

Rastenburg, September 1943: Die Alliierten stehen in Italien. Mussolini ist gestürzt, verhaftet. Hitler läßt ihn befreien und empfängt ihn in seinem Hauptquartier (oben). Jetzt ist der deutsche Diktator der Überlegene, Mussolini nur noch ein Bittsteller.

Hitler am 21. Juli 1941, nachts

Eine ganz besondere Freude ist stets eine Begegnung mit dem Duce; er ist eine ganz große Persönlichkeit... Und man sage nicht, daß die Vorgänge in Italien ohne Einfluß auf uns waren. Das Braunhemd wäre vielleicht nicht entstanden ohne das Schwarzhemd. Der Marsch auf Rom 1922 war einer der Wendepunkte der Geschichte. Die Tatsache allein, daß man das machen kann, hat uns einen Auftrieb gegeben. (Einige Wochen darauf hat der Minister Schweyer mich empfangen; er hätte das sonst nicht getan.) Würde Mussolini damals vom Marxismus überrannt worden sein, ich weiß nicht, ob wir uns hätten halten können. Der Nationalsozialismus war damals noch ein schwaches Pflänzlein.

Nach Mussolinis Marsch auf Rom am 27. Oktober 1922 wird Hitler von Bayerns Innenminister Dr. Franz Schweyer (oben) empfangen und gibt sein »Ehrenwort«, »nie im Leben« putschen zu wollen.

Hitler am 21. Juli 1941, nachts
Jeder Palast in Florenz oder Rom ist mehr wert als das ganze Windsor Castle. Wenn die Engländer Florenz oder Rom zerstören, so ist das ein Verbrechen. Um Moskau ist es nicht schade, und leider wäre es heute auch bei Berlin kein Verlust. Ich habe Rom und Paris gesehen. Ich muß sagen, Paris hat, abgesehen vielleicht vom Triumphbogen, nichts Großes im Stil des Kolosseums oder der Engelsburg oder auch des Vatikans ... Was ich auch in Paris gesehen habe, es gleitet an mir ab, Rom dagegen hat mich richtig ergriffen.

Rom, Mai 1938. Hitlers zweiter Besuch in Italien. Mussolini bereitet seinem deutschen Gast einen prunkvollen Empfang. Vor Hitler paradieren Milizverbände. Im Kolosseum begegnet er der Antike.

Paris, 1940. Am 23. Juni besichtigt Hitler die Hauptstadt des geschlagenen Frankreich. Aus Angst vor einem Attentat wählt er die frühen Morgenstunden zwischen 5 und 6 Uhr; die Stadt ist wie ausgestorben. In Begleitung von Minister Speer und zweier Adjutanten sieht er sich den Eiffelturm an und begibt sich, streng bewacht und abgeschirmt, zum Arc de Triomphe.

Hitler am 2. August 1941, mittags
Ich werfe es keinem von den kleinen Leuten vor, daß er Kommunist war. Vorzuwerfen ist es nur einem Intellektualisten ... Thälmann, das ist der Typ dieses kleinen Mannes, der nicht anders handeln konnte. Das Schlechte bei ihm ist, daß er nicht so klug war wie Torgler ... Deshalb konnte ich Torgler laufenlassen, während ich Thälmann zurückhalten mußte, nicht aus Rache, sondern nur, weil er eine Gefahr bedeutet. Sobald die große Gefahr in Rußland beseitigt ist, kann er hingehen, wohin er will.

Ernst Thälmann — oben im Berliner Lustgarten bei einer KPD-Kundgebung —, Transportarbeiter aus Hamburg und seit 1925 Vorsitzender der Kommunistischen Partei Deutschlands, ist Hitlers gefährlichster Gegner. Am 3. März 1933 läßt er ihn verhaften (links: Thälmann im Untersuchungsgefängnis Berlin-Moabit). Im August 1944, bevor sowjetische Truppen zum Sturm auf das deutsche Reichsgebiet antreten, wird Thälmann im Konzentrationslager Buchenwald ermordet.

Der Reichstag brennt!
An diesem 27. Februar 1933 eilen zum Tatort (oben, v. l. n. r.): ausländische Korrespondenten, Goebbels-Mitarbeiter Hanke, Goebbels, Göring, Schaub, Hitler, ein Bewacher, Prinz August Wilhelm von Preußen und Sepp Dietrich.

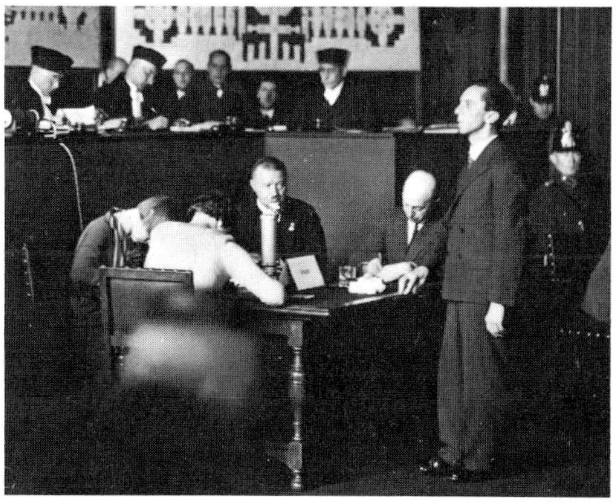

Der Brandstiftung angeklagt:
Ernst Torgler und Georgi Dimitroff (zwischen den Polizisten). Auch der »Zeuge« Joseph Goebbels sagt vor dem Reichsgericht in Leipzig aus.

NBC

Hitler am 11. November 1941, abends
Im Weltkrieg haben wir es erlebt: Der Staat, der einzig religiös war, war Deutschland; und gerade der Staat hat verloren. Es ist ja auch so eine widerwärtige Heuchelei, wenn heute dieser Erzfreimaurer Roosevelt vom Christentum spricht: Alle Kirchen müßten aufstehen, das zu verbieten ... Die Zeitenwende des Untergangs der Kirche ist gekommen. Es dauert noch einige Jahrhunderte, dann geschieht durch Evolution, was nicht durch Revolution geschieht. Jeder Gelehrte, der etwas entdeckt hat, haut ein Stück von der Basis weg. Es tut einem oft leid, daß man in einer Zeit lebt, in der einem noch nicht bewußt ist, wie die neue Welt aussieht.

Franklin Delano Roosevelt, von 1933 bis 1945 Präsident der Vereinigten Staaten von Amerika und entschlossener Gegner Hitlers, auf einer Wahlreise.

Leo Trotzki, Lenins militärischer Berater bei der Oktoberrevolution und Organisator der »Roten Armee«, spricht vor Leningrader Arbeitern.

Hitler am 1. Dezember 1941, nachts
Viele Juden sind sich auch des destruktiven Charakters ihres Daseins nicht bewußt gewesen. Aber wer Leben zerstört, setzt sich dem Tod aus, und etwas anderes geschieht auch ihnen nicht! ... Wir wissen nicht, welchen Sinn die Einrichtung hat, daß wir den Juden Völker zerstören sehen. Ist es so, daß ihn die Natur geschaffen hat, damit er durch seine Dekomposition andere Völker in Bewegung bringt? Dann sind Paulus und Trotzki die achtungswürdigsten Juden, weil sie dazu am meisten beigetragen haben.

Hitler am 13. Dezember 1941, mittags
Es ist gut, daß ich die Pfaffen nicht hineingelassen habe in die Partei. Am 21. März 1933 – Potsdam – war die Frage: Kirche oder nicht Kirche? Ich hatte den Staat gegen den Fluch der beiden Konfessionen erobert. Wenn ich damals angefangen hätte, mich der Kirche zu bedienen – wir sind an die Gräber gegangen, während die Männer des Staates in der Kirche waren –, so würde ich heute das Schicksal des Duce teilen. Für sich ist er ein Freigeist. Aber er hat mit Konzessionen begonnen ... Ich würde im Vatikan einmarschieren und die ganze Gesellschaft herausholen. Ich würde dann sagen: »Verzeihung, ich habe mich geirrt!« – Aber sie wären weg!

Zu einer Demonstration gegen die Kirche benutzt Hitler selbst den »Tag von Potsdam«. An diesem 21. März 1933 nehmen die Abgeordneten des neugewählten Reichstages vor dem Staatsakt in der Garnisonkirche je nach Konfession an verschiedenen Gottesdiensten teil. Hitlers Platz in der katholischen Pfarrkirche bleibt jedoch frei. Während Reichspräsident v. Hindenburg beim Gottesdienst weilt (rechts), besucht der Kanzler mit Goebbels auf dem Luisenstädtischen Friedhof in Berlin die Gräber getöteter Nationalsozialisten.

Otto Meißner (oben mit Hitler), Staatssekretär unter Ebert und Hindenburg, ist neben Hitlers späterem Vizekanzler Franz von Papen (rechts zwischen Außenminister Konstantin Freiherr von Neurath und Wirtschaftsminister Kurt Schmitt auf dem Parteitag 1934 in Nürnberg) einer der entscheidenden Berater des Reichspräsidenten von Hindenburg. Er setzt sich bei ihm für den rechtsradikalen Hitler ein. Zum Dank für die Fürsprache wird er 1937 vom »Führer« zum Reichsminister und Chef seiner Präsidialkanzlei mit dem Rang eines Staatsministers ernannt.

Hitler am 18. Januar 1942, abends
Mein ganzes Leben war nichts als ein ständiges Überreden. 1932 hatte ich mit Meißner eine Unterredung im Kaiserhof; er sagte mir, er sei sein Leben lang Demokrat gewesen, aber vielleicht in anderer Richtung, als wir uns das dächten. In Wirklichkeit stünden wir uns gar nicht so fern, und er wolle alles tun, um uns beim Alten Herrn (Hindenburg) zu helfen ... Der Alte Herr hat mich dann eingeladen: »Herr Hitler, ich will hören, was Sie für Gedanken haben!« Es war wahnsinnig schwer, über solch einen Abgrund hinweg eine Weltanschauung zu vermitteln ... Die Brücke zum Soldaten habe ich sofort gehabt, aber die Brücke ins Politische zu finden war ein großes Kunststück. Als ich fertig war, steigerte er sich in Zustimmung hinein ... Doch der Einfluß der mir feindlichen Kreise blieb noch so stark, daß ich 1933 zuerst nur in Gegenwart Papens Vortrag halten durfte. Eines Tages war Papen verreist. Ich ging allein hin. »Wieso ist denn immer der Herr von Papen dabei? Ich will doch Sie sprechen!« Papen hat, wie er zurückkam, bedauert, auf die Reise gegangen zu sein. Der Alte Herr hat ihn für eine Art Windhund gehalten, aber doch ganz gern gehabt. Papen ... hat sich auch verdient gemacht. Der erste Anstoß kam von ihm: Er hat den Einbruch in die heilige Verfassung vollzogen.

Hitler am 18. Januar 1942, nachts
Es ist doch besser, wenn statt Goebbels ich selber am 30. (1. 1942) spreche. Es kommt darauf an, die Mitte zu halten in der Aufmunterung zwischen dem Nüchternen und der Phrase. Goebbels hat in einem Aufruf die Front gemahnt, hart und gelassen zu bleiben. Ich hätte das nicht gesagt. Der Soldat ist in dieser Lage nicht gelassen, sondern entschlossen. Das versteht nur der, der das selber mitgemacht hat.

Joseph Goebbels, Sohn eines rheinischen Buchhalters, Jesuitenschüler und Doktor der Philosophie, wird 1926 von Hitler zum Gauleiter Berlins ernannt. Nach der »Machtübernahme« verbietet er als Minister für Volksaufklärung und Propaganda die kommunistische und sozialistische Presse. Er setzt die Gleichschaltung und uneingeschränkte Kontrolle aller meinungsbildenden Organe durch. Neben Hitler übt er in den Jahren der nationalsozialistischen Herrschaft mit seinen demagogischen Reden und Artikeln den stärksten Einfluß auf das deutsche Volk aus.
Foto: Goebbels und Hitler, neben ihnen der Baumeister des »Braunen Hauses«, Schiedermair, geben auf dem Obersalzberg Autogramme.

Hitler in der Nacht vom 25. auf den 26. Januar 1942
Es ist ein Glück für manche führenden Persönlichkeiten, daß sie nicht geheiratet haben: Das wäre eine Katastrophe geworden ... Das ist das Schlimme an der Ehe: sie schafft Rechtsansprüche! Da ist es schon viel richtiger, eine Geliebte zu haben. Die Last fällt weg, und alles bleibt ein Geschenk. Das gilt natürlich nur für hervorragende Männer ...
Es gibt doch nichts Schöneres, als sich ein junges Ding zu erziehen: Ein Mädel mit 18, 20 Jahren ist biegsam wie Wachs. Einem Mann muß es möglich sein, jedem Mädchen seinen Stempel aufzudrücken. Die Frau will auch nichts anderes!

Hitler und Freunde 1929 in einem Gartenlokal in Lambach am Chiemsee. Neben Goebbels Hitlers Nichte und »Liebling« Geli Raubal, die 1931, nur 23 Jahre alt, in München Selbstmord verübt. Hitler läßt die Ferdinand-Liebermann-Büste von Geli (links) in ihrem Münchner Zimmer aufstellen und zieht sich bisweilen allein dorthin zurück, um zu »meditieren« ...

Gelis Nachfolgerin an Hitlers Seite ist Eva Braun, die Tochter eines Münchener Gewerbeoberlehrers. Hier mit Hitler und seinem Fahrer Julius Schreck am Kamin im Haus auf dem Obersalzberg.

1935. Nürnberg. »Reichsparteitag der Freiheit«. Hitler nimmt den Vorbeimarsch der SA ab.

Hitler am 27. Januar 1942, mittags

Wer sich gegen die Gesellschaftsordnung, die ich aufbaue, wendet, den schieße ich rücksichtslos nieder ... Jeder Versuch, diesen Staat mit Gewalt zu erschüttern, wird mit Blut ertränkt ... Persönlich glaube ich, solange sich für eine Idee in einem Staat 9000 Menschen finden, die bereit sind, in die Gefängnisse zu gehen, ist eine Sache nicht verloren. Erst wenn der letzte Mann daran verzweifelt, ist es aus. Ist noch ein Mann da, der gläubigen Herzens eine Fahne hochhält, so ist nichts verloren. Ich bin auch hier eiskalt: Wenn das deutsche Volk nicht bereit ist, für seine Selbsterhaltung sich einzusetzen, gut: dann soll es verschwinden!

Hitler am 19. Februar 1942, nachts
Es ist so schade, daß wir in Dresden keinen Gauleiter haben, der über eine engere Beziehung verfügt zur Kunst. Nach Krauss und Furtwängler wäre der Busch der beste deutsche Dirigent geworden. Aber Mutschmann wollte ihm alte Parteigenossen ins Orchester setzen, um NS-Geist hineinzubringen!

Clemens Krauss (links außen), 1893–1954, österreichischer Dirigent, Operndirektor in Wien, Berlin, München, wird von Hitler sehr geschätzt.

Fritz Busch (links Mitte), 1890–1951, deutscher Dirigent, Operndirektor in Stuttgart und Dresden. Nach der Emigration Gastdirigent in England, USA und Südamerika.

Martin Mutschmann, 1879–1945, gelernter Stickmeister und späterer Inhaber einer Spitzenfabrik. Seit 1923 Hitleranhänger. Gauleiter und Reichsstatthalter in Sachsen.

Wilhelm Furtwängler, 1886–1954, wird von Hitler abgelehnt. Den Weltruf des Dirigenten benützen die Nationalsozialisten jedoch als Aushängeschild für ihre Kulturpolitik. Links oben: Joseph Goebbels, Minister für Volksaufklärung und Propaganda, und Frau im Gespräch mit dem Ehepaar Furtwängler. Rechts: Der Dirigent Furtwängler verneigt sich vor der braunen Prominenz nach einem Konzert der Berliner Philharmoniker.

Nach knapp zwei Jahren deutsch-sowjetischer Freundschaft bringt Reichspressechef Dr. Dietrich am Morgen des Angriffs gegen die Sowjetunion die deutsche Presse auf den neuen Kurs.

Hitler am 22. Februar 1942, nachts
Unser Presseapparat ist schon etwas Wunderbares. Das Pressegesetz hat dafür gesorgt, daß Meinungsverschiedenheiten zwischen Männern der Regierung nicht vor dem Volk mehr ausgekämpft werden ... Wir haben aufgeräumt mit der Vorstellung, als gehöre es zur staatspolitischen Freiheit, daß jeder aussprechen kann, was er Lust hat ... Körperlich so klein, ist Dr. Dietrich doch ein hervorragend geschickter Fachmann ... Ich bin stolz darauf, daß es mit seinen paar Mann mir möglich ist, auch einmal – wie es am 22. Juni 1941 geschah – das Steuer der Presse um 180 Grad herumzuwerfen. Das macht uns kein Land nach.

Der »körperlich so kleine« Dr. Dietrich hält Vortrag bei Hitler bei einer Frankreichfahrt 1940. Hinter dem Pressechef Generalmajor Bodenschatz, rechts Hitlers Arzt Dr. Brandt und eine Ordonnanz.

Michael I. von Rumänien und Königinmutter Helena besuchen im November 1941 Hitler in der Berliner Reichskanzlei. Hinter dem König Hitlers Adjutant Schaub und Dolmetscher Schmidt, rechts Minister Meißner.

Durch Staatsstreich entmachtet der junge König am 23. August 1944 seinen Regierungschef Antonescu, löst das Bündnis mit den Achsenmächten und nimmt die Friedensbedingungen der Alliierten an. Antonescu wird im Juni 1946 als Kriegsverbrecher hingerichtet, König Michael Ende 1947 von den rumänischen Kommunisten zum Thronverzicht gezwungen. Links: Marschall Antonescu, Botschafter Hewel, Ribbentrop und Hitler auf Schloß Klessheim.

Hitler am 26. Februar 1942, abends

Rumänien! Wenn heute Antonescu etwas passiert, wer kommt dann? Ich kriege es mit der Angst, wenn ich daran denke! Der König ist eine schmutzige kleine Kröte; der Kerl hilft nicht einmal seiner Mutter aus dem Wagen heraus, weil er fürchtet, daß es seiner königlichen Würde Abbruch tut. Er hat mich ganz erstaunt angeschaut, als ich nicht ihn, sondern seine Mutter rechts genommen habe. Freilich, das Zeremoniell will es anders. Aber das kann man heute nicht mehr aufrechterhalten.

Erbauer der Autobahnen war Dr. Fritz Todt – hier bei einer Ansprache vor Arbeitern am »Atlantikwall«. Todt stürzte 1942 tödlich ab.

Hitler am 26. Februar 1942, abends
Bei der Autobahn habe ich kurz ein Enteignungsgesetz erlassen, auf Grund dessen die Bauern angemessen entschädigt worden sind. Alle Militärstraßen sind durch Tyrannen erbaut worden: die römischen, die preußischen, die französischen. Sie gehen kerzengerade, während alle anderen Prozessionswege gehen, so daß man dreimal soviel Zeit braucht.

September 1933. Hitler startet sein Arbeitsbeschaffungsprogramm mit dem Bau der Reichsautobahnen. Bei Frankfurt führt er den ersten Spatenstich aus. Julius Dorpmüller, Vorsitzender des Verwaltungsrates der Reichsautobahnen und späterer Reichsverkehrsminister, assistiert dem Kanzler.

Im Mai 1935 ist das erste Teilstück Frankfurt—Darmstadt fertiggestellt. Bei Kriegsbeginn sind über 3000 km Autobahn befahrbar. Bild: die Einweihung des Teilabschnitts München—Landesgrenze (bei Salzburg).

Hitler am 26. Februar 1942, abends
Die Ungarn, das sind die durchkochtesten Nationalisten, die es gibt. Und wie schnell sie das Deutschtum absorbieren! Alle führenden Deutschen nehmen sie in ungarische Stellungen herein. Auf die Dauer ist (dort) das Deutschtum nur zu halten, wenn wir den Staat unter unsere Gewalt bekommen, oder wir müssen die Deutschen herausholen. Die kleinen deutschen Gruppen gehen an der Inzucht zugrunde, ausgenommen die Siebenbürger. Ich habe das bei den Volkstumsgruppen in Nürnberg gesehen: Sie sind rassisch minderwertig. Alles Gute kommt in den ungarischen Staatsdienst. Macht man so eine Auslese durch Jahrhunderte, so bleibt nur ein Rest Dreck übrig.

Freundlich grüßen sie den »Führer«: Abordnungen auslandsdeutscher Bauern und Volksgruppen auf dem Nürnberger Parteitag. In Wahrheit hält Hitler sie für »rassisch minderwertig« (siehe Zitat).

Hitler am 27. Februar 1942, mittags
Ich gehe nicht in die Kirche, um den Gottesdienst zu hören. Ich sehe mir nur die Schönheit des Bauwerks an. Ich möchte nicht der Nachwelt überliefert werden als einer von denen, die hier Konzessionen gemacht haben . . . Ich bin froh, wenn ich mit denen keine innere Verbindung habe. Ich fühle mich wohl in der geschichtlichen Gesellschaft, in der ich mich befinde, wenn es einen Olymp gibt. In dem, in den ich eingehe, werden sich die erleuchtetsten Geister aller Zeiten finden.

Um 1.35 Uhr deutscher Sommerzeit schweigen in Frankreich am 25. Juni 1940 die Waffen. Hitler verkündet dem deutschen Volk: »Der glorreichste Sieg aller Zeiten ist errungen.«
Drei Tage später besichtigt er mit seinem Gefolge (v. l. n. r.: Morell, Wolf, Bormann, Brandt, Wagner, Keitel, Jodl, Meißner, Dr. Dietrich u. a.) das Straßburger Münster.

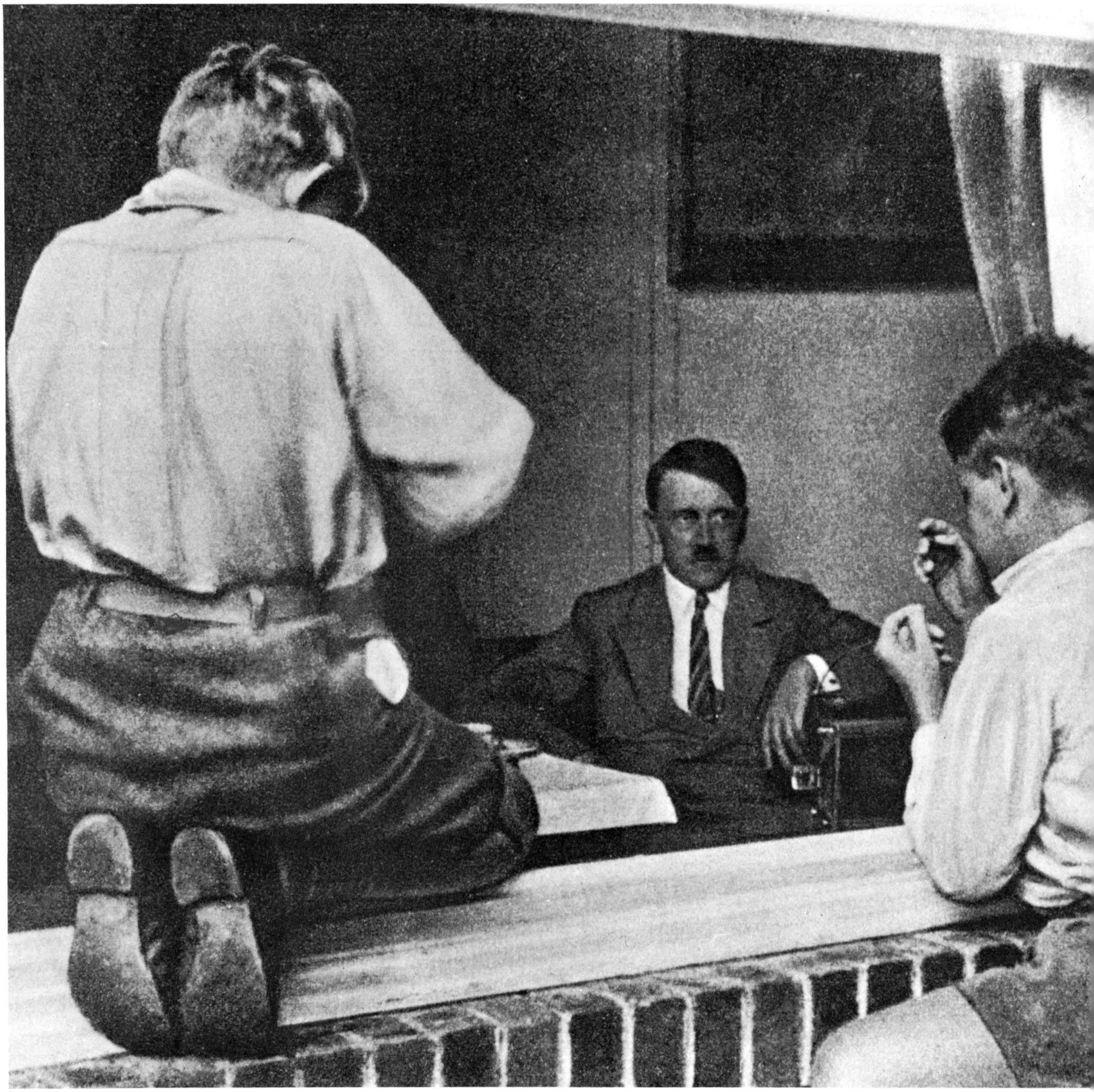

Hitler in der Nacht vom 28. Februar zum 1. März 1942

1925 hatten mich Bechsteins zu sich eingeladen nach Bayreuth. ... Ich wollte eigentlich nicht hin. Ich sagte mir, die Schwierigkeiten würden für Siegfried Wagner dadurch nur noch größer werden, er war ein bißchen in der Hand der Juden. Ich kam in Bayreuth an um 11 Uhr abends. ... Am nächsten Morgen kam die Frau Wagner und brachte mir ein paar Blumen. Tagsüber bin ich in der kurzen Wichs gegangen, zu den Festspielen im Smoking oder Frack ... Auch im übrigen war es ein fabelhaftes Leben dort. Andererseits war ich noch nicht so berühmt, daß ich nicht meine Ruhe gehabt hätte.

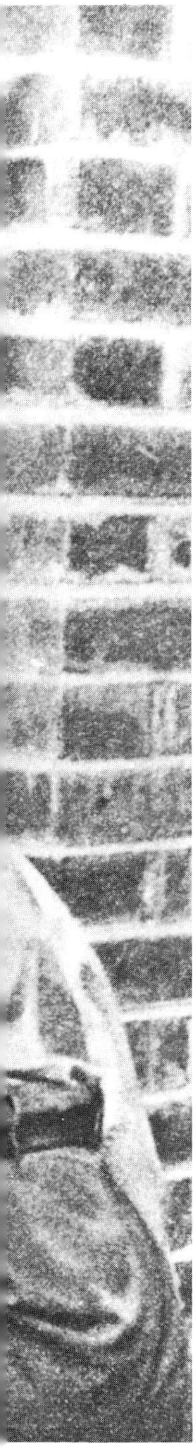

Hitlers Förderin Helene Bechstein (rechts), Frau des Berliner Klavierfabrikanten, und Hitlers Nichte Geli Raubal als Gäste der Festspiele in Bayreuth.

Wagner-Enkel Wieland und Wolfgang fotografieren den Wagner-Verehrer Hitler. Der Führer der Nationalsozialisten schätzt den Komponisten Richard Wagner (1813–1883) nicht nur wegen seiner Musik. Er fühlt sich ihm weltanschaulich verbunden in der Abneigung gegen die Juden.

Wagner-Sohn Siegfried (unten) und Frau Winifred, geb. Williams, die sich schon 1923 öffentlich zu Hitler bekennt: »Seine Macht ist begründet in seiner moralischen Kraft und Reinheit.«

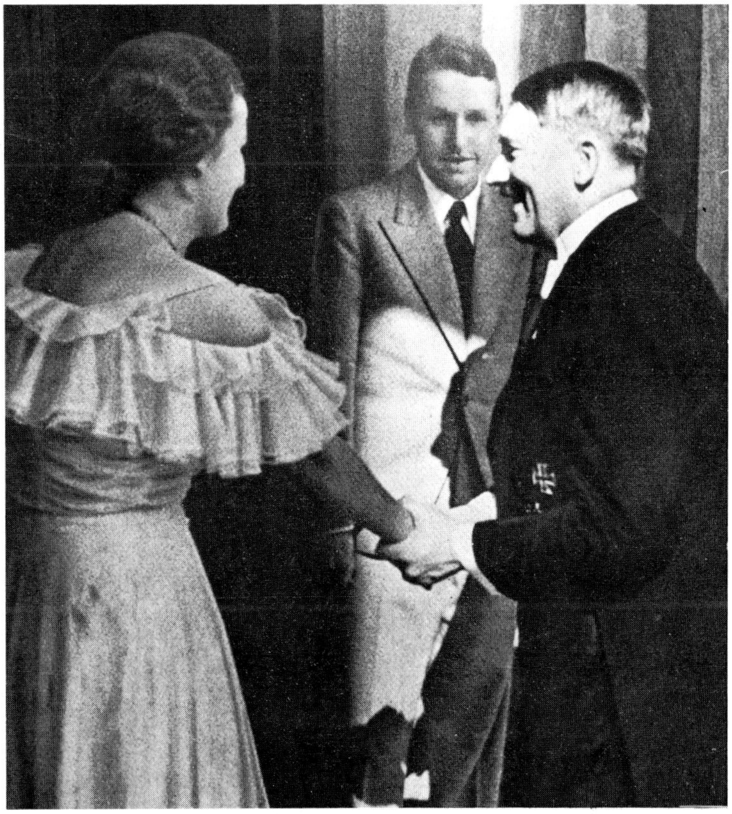

Wagner-Enkel Verena und Wolfgang begrüßen als Ehrengast der Bayreuther Festspiele den Reichskanzler Hitler.

1925

1935

1929

1934

Hitlers Mutter Klara, geb. Pölzl, 1860–1907.

Hitler am 10. März 1942, nachts
Die Welt des Mannes ist groß, verglichen mit der der Frau. Der Mann gehört seiner Pflicht, und nur ab und zu schweift ein Gedanke zur Frau hinüber. Die Welt der Frau ist der Mann. An anderes denkt sie nur ab und zu. Das ist ein großer Unterschied. Die Frau kann viel tiefer lieben als der Mann. Auf den Intellekt kommt es bei einer Frau gar nicht an. Verglichen mit den gebildeten intellektuellen Frauen war meine Mutter ganz gewiß eine ganz kleine Frau. Sie hat ihrem Mann und ihren Kindern gelebt. In der Gesellschaft unserer gebildeten Frauen würde sie sich wohl schwergetan haben, aber: Sie hat dem deutschen Volk einen großen Sohn geschenkt!

1933

1938

1944

Hermann Göring, letzter Kommandeur des Jagdgeschwaders »Freiherr von Richthofen« im Ersten Weltkrieg, beginnt nach der Machtübernahme Hitlers den Aufbau der deutschen Luftwaffe, die jedoch im Zweiten Weltkrieg hochgesteckte Erwartungen nicht erfüllen kann. Dennoch läßt Hitler seinen Putschgenossen von 1923 nicht fallen. Die langjährige Freundschaft zerbricht erst in den letzten Tagen des Krieges, als Göring den Alliierten die Kapitulation anbieten will. Im Nürnberger Prozeß zum Tode verurteilt, stirbt Göring 1946 durch Selbstmord. Hausherr Göring (links) auf dem vom Staat geschenkten Besitz auf dem Obersalzberg und (rechts) als Gastgeber beim Besuch des amerikanischen Obersten Charles Lindbergh, der als erster Flieger 1927 den Atlantischen Ozean überquerte.

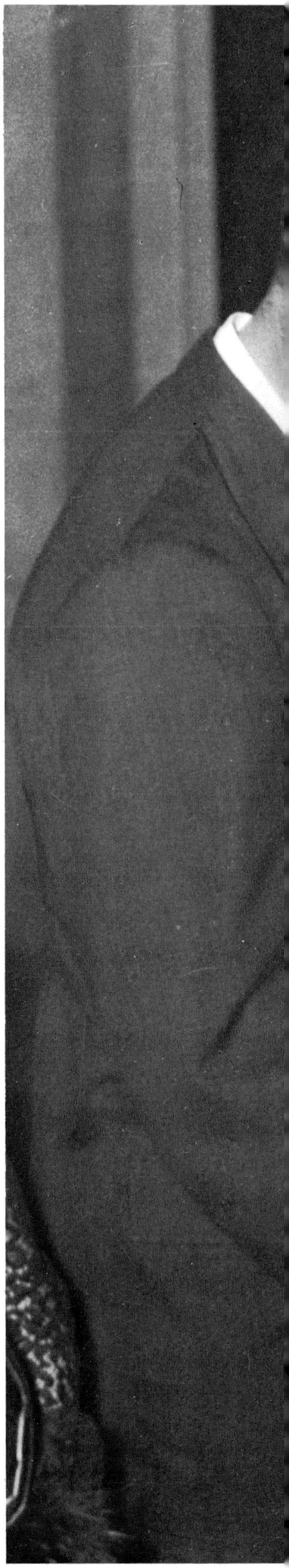

Hitler am 11. März 1942, nachts

Vor dem Hause eines Nürnberger Kaufmanns hat sich ein Schild befunden: Raucher werden gebeten, diesem Haus fernzubleiben. Das habe ich dann bei meiner Wohnung auch so gehalten. Dem Reichsmarschall habe ich kürzlich gesagt: Göring, glauben Sie, es macht einen guten Eindruck, wenn man Sie mit einer Pfeife abgebildet sieht? Was würden Sie zu einem Denkmal sagen, das Sie mit einer Zigarre im Mund darstellt? . . .
Ich bin überzeugt, wenn ich Raucher gewesen wäre, nie würde ich den Sorgen standgehalten haben, die mich seit so langer Zeit belasten. Vielleicht verdankt dem das deutsche Volk mit seine Rettung. So viele hervorragende Männer sind mir an der Tabakvergiftung verlorengegangen . . .

Hitler am 25. März 1942, abends
Die Tanzkunst sei mit der Musik zusammen die primärste Äußerung der Kultur eines Volkes ... Die Tänzerinnen müßten in erster Linie gefühlsmäßig, musisch eingestellt sein, nicht aber intellektuell. Daraus sei es auch verständlich, daß ausgerechnet zwei Berlinerinnen, die Geschwister Höpfner, den schönsten Wiener Walzer tanzten und dabei Figuren zeigten, wie sie auf alten griechischen Vasen nicht schöner zu sehen sein könnten ... Durch die Tanzerei der Palucca sei er enttäuscht worden, bei der es sich überhaupt nicht mehr um Tanz in seinem wirklichen ästhetischen Sinne, sondern um eine Rumhopserei und um verrenkte Sprünge gehandelt habe. Da habe er sich von Goebbels reinlegen lassen, der ihm ... zum Besuch dieses Programms geraten habe.

Die Wigman-Schülerin Gret Palucca, seit Kriegsende Leiterin einer staatlichen Tanzschule in Dresden (oben), wird aus rassischen Gründen abgelehnt. Allein ihre internationalen Erfolge hindern die Nationalsozialisten, ein Berufsverbot auszusprechen. Sie verbieten aber den Kritikern, Erfolge der Palucca zu erwähnen.

Hedi und Margot Höpfner, bis zum Kriegsende Mitglieder des Deutschen Opernhauses Berlin, tanzen den Wiener Kaiser-Walzer.

Hitler am 26. März 1942, abends
Zum Münchner Attentat im Bürgerbräukeller meinte er, der gefaßte Mann sei sehr gerissen. Er sage genau nur so viel aus, wie man bereits festgestellt habe ... Dabei habe Otto Strasser damals in der Schweiz bereits ein Interview darüber abgegeben, daß Hitler und Ribbentrop ausgelöscht würden. Auch der holländische Ministerpräsident und Herr Eden hätten von der Sache gewußt ...

Am 8. November 1939
explodiert im Münchner Bürgerbräukeller eine Bombe. Der Schreiner Georg Elser – oben mit Jugendfreundin – wollte Hitler, der alljährlich an dieser Stelle zu den »alten Kämpfern« spricht, umbringen. Aber der Anschlag mißlingt. Eine Sonderkommission sucht den Täter, von links: Huber, Nebe, Himmler, Heydrich, Müller. Elser wird gefaßt und im April 1945 ohne Prozeß liquidiert.

München

Hitler am 27. März 1942, mittags
Die Frau – auch wenn sie noch so intelligent sei – könne in der Politik Dinge des Verstandes und des Gefühls nicht auseinanderhalten. So habe Frau Tschiangkaischek aus ihrem maßlosen Japanhaß heraus ein wirklich großzügiges (Friedens-) Angebot der Japaner zunichte gemacht, und die Tänzerin Lola Montez habe Ludwig I. von Bayern, der doch wirklich von Haus aus ein sehr vernünftiger und verständiger König gewesen sei, restlos aus der Bahn geworfen.

Den Thron verliert 1848 Bayernkönig Ludwig I., weil er der Tänzerin Lola Montez sein Herz geschenkt hat. Zur Gräfin Landsfeld erhoben, greift sie in die Geschicke des Landes ein, bis sie 1848 Bayern verlassen muß.

Starken politischen Einfluß übt Sung Meling auf ihren Mann, den chinesischen Marschall Tschiangkaischek aus. 1930 bekehrt sie den Präsidenten zum Christentum. 1941 bestimmt sie ihn, den japanischen Angeboten, den seit Juli 1937 dauernden Krieg zu beenden, nicht nachzugeben. 1949, inzwischen von den Kommunisten aus China vertrieben, ruft Tschiangkaischek auf ihr Betreiben das »Nationale China« auf Formosa aus und erhebt als ehemaliger Präsident des Landes den Alleinvertretungsanspruch für das gesamte China.

Hitler am 27. März 1942, mittags
Was seit 1922 dem deutschen Volk als Kunst aufgeschwätzt worden sei, sei auf dem Gebiet der Malerei ein einziges verkrüppeltes Gekleckse. ... Man könne der Fügung danken, daß 1933 der Nationalsozialismus an die Macht gekommen sei und mit Kitsch ein für allemal Schluß gemacht habe. ... Nur der Kultusminister (Rust), der der Kunst wie ein ausgewachsenes Nilpferd gegenüberstehe, ... gebe sich dazu her, für gemalten Dreck Staatspreise zuzuerkennen.

Hitlers Kultusminister Bernhard Rust (1883–1945) setzt sich der schärfsten Kritik seines »Führers« aus, als er Leistungen moderner Künstler anerkennt. Hitler unterstellt Modernen wie Barlach, Nolde, Klee, sie wollten eine Krise in der Gesellschaft heraufbeschwören. Er verdammt sie als »Entartete« und zeichnet Maler wie den Akademieprofessor Sepp Hilz aus, »weil er der nationalen Kunst und dem Rassedenken dient«. Links: Hilz arbeitet an seiner »Bäuerlichen Venus«.

Bernhard Rust

Hitler am 27. März 1942, mittags
Vom Flug Heß' am 10. Mai 1941 (nach England) habe er erfahren, als er mit Göring und Ribbentrop am Kamin plauderte ... Er habe die Meldung diktiert, die den Flug Heß' mit einem langwierigen Leiden erklärte, das sich offenbar auf Heß' Geist geschlagen habe ... Die Russen seien der Auffassung, daß Heß' Englandflug auf seinen »Traum von einem englisch-deutschen Bündnis« zurückgehe. Versuche, Heß' Familie zur Rechenschaft zu ziehen, lehne er ebenso ab wie den Vorschlag, Heß' Briefe aus England nicht an seine Frau auszuhändigen.

R.A.F. ACE SCORES AGAIN—Page 2

Nazi Leader Flies To Scotland

Daily Record and Mail

RUDOLF HESS IN GLASGOW -OFFICIAL

HERR HESS, HITLER'S RIGHT-HAND MAN, HAS RUN AWAY FROM GERMANY AND IS IN GLASGOW SUFFERING FROM A BROKEN ANKLE. HE BROUGHT PHOTOGRAPHS TO ESTABLISH HIS IDENTITY.

AN OFFICIAL STATEMENT ISSUED FROM 10 DOWNING STREET AT 11.20 LAST NIGHT SAID—

"Rudolf Hess, Deputy Fuhrer of Germany and Party Leader of the Nationalist Socialist Party, has landed in Scotland under the following circumstances:

"On the night of Saturday, the 10th, a Messerschmitt 110 was reported by our patrols to have crossed the coast of Scotland and be flying in the direction of Glasgow. Since a Messerschmitt 110 would not have the fuel to return to Germany this report was at first disbelieved.

"He was taken to a hospital in Glasgow, where he at first gave his name as Horn, but later on he declared he was Rudolph Hess.

"He brought with him various photographs of himself at different ages, apparently in order to establish his identity. These photographs were deemed to be photographs of Hess by several people who knew him personally.

THIS WAS HIS 'PLANE

Two pictures of the wreckage of Hess's Messerschmidt 110.

Benghazi Shelled

"I Found German Lying In Field"

DAVID M'LEAN, A PLOUGHMAN, WAS THE MAN WHO FOUND RUDOLF HESS. HERE IS M'LEAN'S OWN STORY AS TOLD TO THE "DAILY RECORD," FIRST NEWSPAPER ON THE SCENE:—

"I was in the house and everyone else was in bed late at night when I heard the 'plane roaring overhead. As I ran out to the back of the farm, I heard a crash, and saw the 'plane burst into flames in a field about 200 yards away.

"I was amazed and a bit frightened when I saw a parachute dropping slowly earthwards through the gathering darkness. Peering upwards, I could see a man swinging from the harness.

Continued on Back Page, Col. 1.

Rudolf Hess

HOW GERMANY BUILT UP THE HESS ALIBI. See Back Page.

Good Morning! Another Day Nearer Victory!

Minister Heß in der Berliner Reichskanzlei.

Die englische Presse meldet die Sensation.

Rechts: Heß und sein Sekretär Martin Bormann bei Ankunft in Hitlers Hauptquartier.

10. Mai 1941: Rudolf Heß, Hitlers Stellvertreter, fliegt auf eigene Faust nach Schottland. Er will den Frieden zwischen Deutschland und England vermitteln, findet in England aber kein Gehör. Hitler läßt ihn für »verrückt« erklären. Nach Kriegsende wird er vom Internationalen Militärgerichtshof in Nürnberg zu lebenslänglicher Haft verurteilt und verbüßt seitdem seine Strafe im Spandauer Gefängnis in Berlin.

Hitler am 27. März 1942, abends
Unverkennbar sei, daß England mit Cripps einen zweiten führenden Staatsmann erhalten habe ... Wenn er zu wählen hätte zwischen Cripps und Churchill, dann sei ihm ... Churchill, der 30 Prozent der Tageszeit besoffen sei, doch hundertmal lieber als Cripps; denn von einem Mann wie Churchill, der sich auf Grund seines Alters, seines starken Rauchens und seines starken Trinkens natürlich verschleiße, sei nicht so viel zu befürchten wie von einem so typisch intellektuellen Salon-Bolschewisten wie Cripps. Bei Churchill sei es durchaus möglich, daß er in einem hellen Augenblick erkenne, daß das Empire unwiederbringlich der Auflösung verfalle, wenn der Krieg noch zwei bis drei Jahre weitergeführt werde. Cripps als verlogener, völlig wurzelloser Demagoge würde nie zu der Einsicht kommen, daß es nicht mehr geht, wenn das Empire in allen Fugen kracht.

Winston Churchill, seit 1939 Erster Lord der britischen Admiralität, übernimmt im Mai 1940 das Amt des Premierministers. Durch »Blut, Mühsal, Tränen und Schweiß« führt er die Engländer zum Sieg.

Sir Stafford Cripps (rechts mit Frau und Tochter), 1939 wegen kommunistenfreundlicher Haltung aus der Labour Party ausgeschlossen, wird 1942 von Churchill zum Minister für Flugzeugproduktion in das Kabinett der »Nationalen Konzentration« berufen. Cripps' Organisationstalent trägt entscheidend zum Sieg bei.

Hitler am 28. März 1942, abends
Er sei froh, daß die holländische Königin Wilhelmine geflüchtet sei und nicht noch wie der Belgierkönig Leopold durch ihr Vorhandensein einen Faktor darstelle, auf den man Rücksicht nehmen müsse. So störe sie den Zusammenschluß der germanischen Welt nicht wie der dänische und schwedische König, die sich so pflegten, daß sie uralt würden und alles hemmten.

Der König der Belgier, Leopold III., richtet am 23. August 1939 einen Friedensappell an die Welt und bietet sich im November 1939 den Kriegführenden als Vermittler an. Seine Bemühungen bleiben unbeachtet. 1940 überfällt Hitler Belgien, und Leopold wird Hitlers Gefangener.

Die Königin der Niederlande, Wilhelmina (links mit ihrer Tochter Juliane), flieht 1940 beim Einmarsch der deutschen Truppen in Holland mit ihrer Familie nach England und rettet dadurch ihren Thron, auf den sie im Sommer 1945 zurückkehrt.

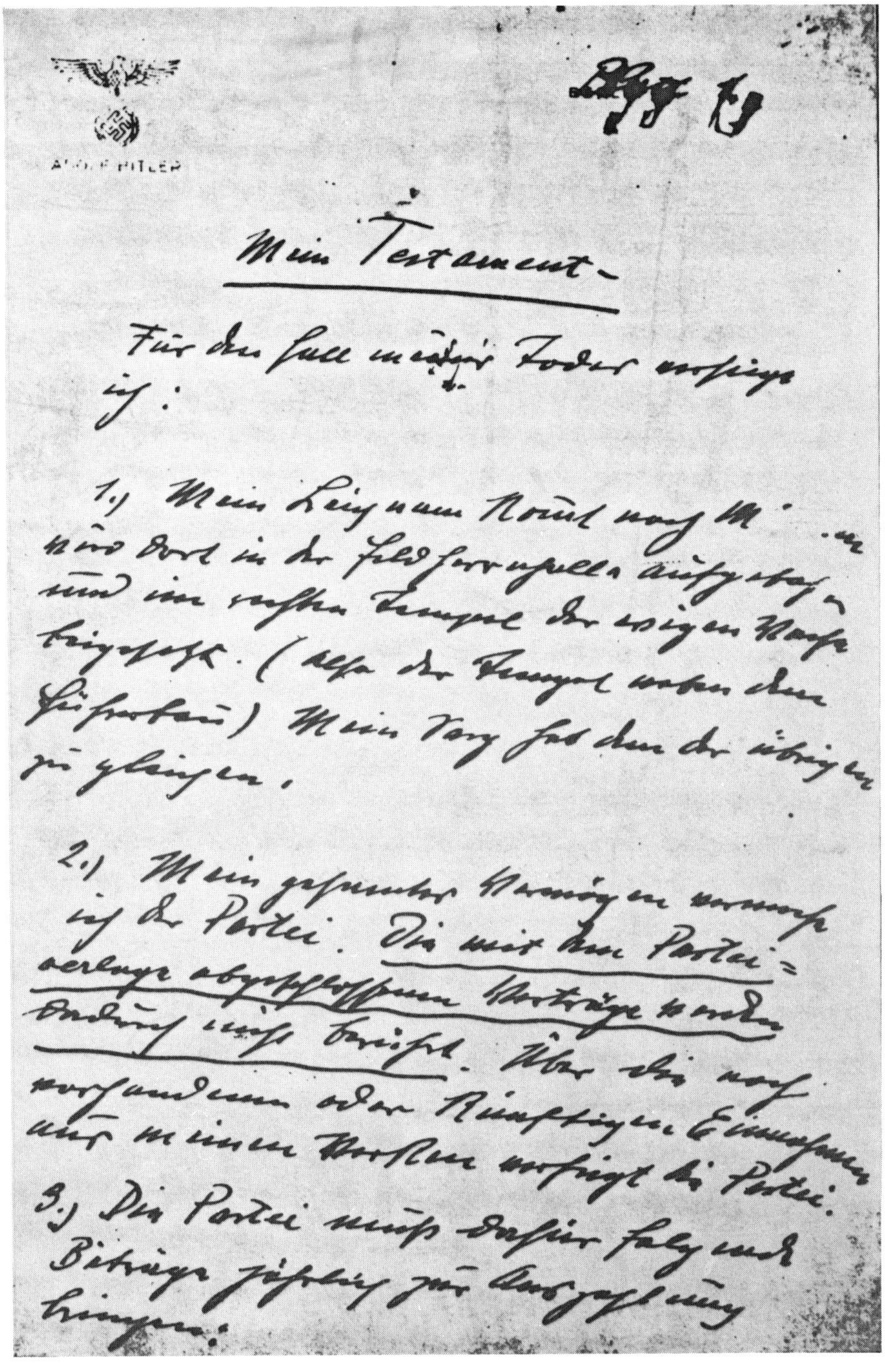
ADOLF HITLER

Mein Testament.

Für den Fall meines Todes verfüge ich:

1.) Mein Leichnam kommt nach München und wird dort in der Feldherrnhalle aufgebahrt und im rechten Tempel der ewigen Wache beigesetzt. (Also der Tempel neben dem Führerbau) Mein Sarg hat dem der übrigen zu gleichen.

2.) Mein gesamtes Vermögen vermache ich der Partei. Die mit dem Parteiverlage abgeschlossenen Verträge werden dadurch nicht berührt. Über die noch vorhandenen oder künftigen Einnahmen aus meinen Werken verfügt die Partei.

3.) Die Partei muß dafür folgende Beträge jährlich zur Ausgabe bringen.

Hitler leidet im Mai 1938 an Heiserkeit. Er glaubt, er habe Kehlkopfkrebs, und verfaßt sein erstes Testament. Doch seine Sorge ist unbegründet. Bei einer Operation entfernt Professor von Eycken einen harmlosen Polypen am rechten Stimmband. Durch ein Kommunique wird dem deutschen Volk mitgeteilt, »daß die Stimmbänder nunmehr wieder durchaus normal sind«.

Hitler am 29. März 1942, abends

Seinerzeit, als er dachte, er sei an Krebs erkrankt, habe er auf einem amtlichen Briefbogen handschriftlich sein Testament niedergeschrieben. Dies sei für ihn eine besondere Anstrengung, da er es gewohnt sei, seine Gedanken in die Maschine oder ins Stenogramm zu diktieren. Dann habe er erfahren, daß das Kammergericht ein Testament mit vorgedruckter und nicht handschriftlich geschriebener Ortsangabe für ungültig erklärt habe...

Er habe sich da an den Kopf gefaßt und sich gesagt, ob das denn noch Recht sein könne, wenn noch nicht einmal das Testament des Reichskanzlers den gesetzlichen Vorschriften genüge... Es habe aber extra ein Gesetz erlassen werden müssen, um diesen Unsinn zu beseitigen.

Roland Freisler, im Ersten Weltkrieg Gefangener in Rußland, avanciert während der Oktoberrevolution zum bolschewistischen Kommissar. Nach Deutschland zurückgekehrt, tritt er 1925 der NSDAP bei. 1942 ernennt Hitler den NS-Juristen zum Präsidenten des Volksgerichtshofes. Trotz der Bluturteile Freislers, u. a. gegen die Männer des 20. Juli 1944 (oben), überwindet Hitler nie seine Abneigung gegen den ehemaligen Kommunisten.

Zu klein und »daher« als Justizminister ungeeignet: Staatssekretär Franz Schlegelberger.

Hitler am 29. März 1942, abends
Davon, daß er Gürtner zum Justizminister gemacht habe, weil er ihn früher als Richter besonders verständnisvoll behandelt hätte, könne keine Rede sein. Er habe sich ... geradezu zu einer abgeklärten Objektivität durchringen müssen, um den Mann, der ihn seinerzeit eingesperrt habe, zum deutschen Justizminister zu machen. Aber ... er habe keinen Besseren gefunden. Denn Freisler sei ja in seiner ganzen Art ein Bolschewik, und der andere (Schlegelberger) sei so, wie er ausschaue, und wenn man ihn nur einmal sehe, so genüge einem das ja für immer.

Franz Gürtner, Hitlers Justizminister, war bayerischer Minister der Justiz zur Zeit des Hitler-Prozesses 1924.

Theodor v. d. Pfordten, Richter am Obersten Landesgericht in München und frühes Mitglied der Hitler-Partei, erliegt am 9. 11. 1923 den Verletzungen, die er als Teilnehmer beim »Marsch auf die Feldherrnhalle« erlitt.

Ernst Pöhner, Münchner Polizeipräsident von 1919–1921, wird wie Hitler wegen seiner Beteiligung am November-Putsch 1923 vom Volksgericht München I zu fünf Jahren Festungshaft verurteilt. 1925 stirbt er.

Hitler am 29. März 1942, abends

Im Umgang mit Juristen sei er immer besonders vorsichtig gewesen. Nur drei Männer hätten da eine Ausnahme gebildet: von der Pfordten, Pöhner und Frick. Von der Pfordten sei das gerade Gegenstück zu Gürtner gewesen: ein Mann mit politisch-revolutionärer Ader. Pöhner habe sich in erster Linie als Deutscher und in zweiter Linie erst als Beamter gefühlt. Im Hochverratsprozeß (München 1924) habe er erklärt: »Eine käufliche Beamtenhure bin ich nie gewesen ... Wenn Sie meine Arbeit gegen die Usurpatoren als Hochverrat bezeichnen wollen, so lassen Sie sich gesagt sein, daß ich mich als Deutscher schon sechs Jahre lang für verpflichtet halte, ... Hochverrat zu treiben.«
Auch Frick habe sich damals tadellos benommen und als stellvertretender Polizeipräsident mit seinen Fingerzeigen die Parteiarbeit im damaligen Umfang erst ermöglicht. Er habe die Bewegung auch immer gedeckt. Ohne ihn wäre er auch nie aus dem Kittchen herausgekommen.

Wilhelm Frick (links neben Goebbels), schützt als Leiter der politischen Polizei Münchens die Nationalsozialisten vor Verfolgung und deckt ihre Putschvorbereitungen. Er wird dafür zu einem Jahr und drei Monaten Haft verurteilt. Nach der Regierungsübernahme belohnt Hitler Frick mit dem Posten des Reichsinnenministers. Im Nürnberger Prozeß wird Frick zum Tode verurteilt und von den Alliierten hingerichtet.

Hitler am 31. März 1942, abends
Ein Führer dürfe keine Familie haben, er müsse nur dem Wohl seines Landes dienen. Für Napoleon sei sein Familiensinn verderblich gewesen. Sein größter Fehler aber sei die Geschmacklosigkeit gewesen, den Titel »Erster Konsul« abzulegen und sich »Kaiser« zu nennen . . .
Er (Hitler) selbst werde immer nur Führer bleiben, sich niemals zum Herzog oder sonstwas machen lassen. Lächerliche Maskerade! Die Bezeichnung Reichskanzler sei Unsinn. Sie setze einen Kaiser voraus und sei nur auf Bismarck zugeschnitten gewesen. Nach diesem Riesen nur Kümmerlinge, zuletzt die Schmach, einen Wirth und Brüning auf diesem Posten zu sehen. Heute sei die Republik die beste Staatsform mit gewähltem Führer, aber nicht vom Volk, sondern von einem Senat. Vorbild sei die Papstwahl.

Joseph Wirth, bis 1931 Reichsfinanzminister, Reichskanzler, Reichsministe für besetzte Gebiete und Reichsinnenminister in verschiedenen deutschen Kabinetten.

Heinrich Brüning (links im Bild), Zentrumspolitiker und deutscher Reichskanzler von 1930–1932, mit Reichswehrminister Groener.

Über die Grenzen Deutschlands hinaus bekannt sind die Film- und Bühnen-Schauspielerinnen Olga Tschechowa (oben mit Hitler) und Lil Dagover (rechts). Sie dienen der braunen Prominenz als Dekoration auf ihren Empfängen.

Hitler am 2. April 1942, mittags
Wenn ein Staatsbesuch nach Berlin komme, dann belege ihn das Protokoll des Auswärtigen Amtes von 6 Uhr in der Frühe bis in die tiefe Nacht mit Beschlag. ... Der Zwang des Protokolls sei für die meisten ein wahres Martyrium. Wenn das Protokoll doch wenigstens ausländischen Staatsbesuchen grundsätzlich Tischdamen gäbe, die über wirklichen persönlichen Charme verfügten und auch die entsprechende Sprache beherrschten. Gerade in Berlin seien wir doch sehr glücklich daran, als wir unter den Schauspielerinnen Damen dieser Art in Lil Dagover, Olga Tschechowa und Tiana Lemnitz zur Verfügung hätten.

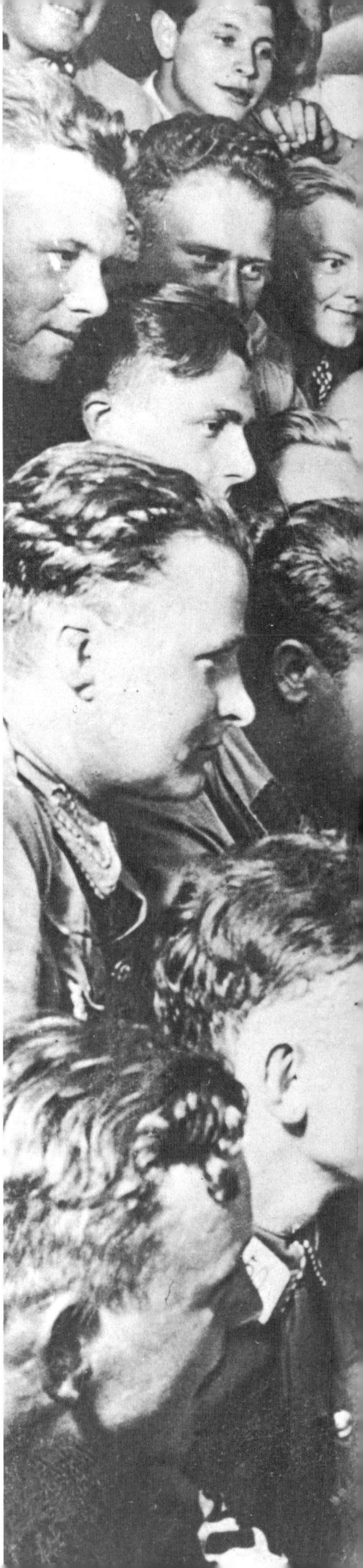

Der »Führer« im Kreis gläubiger Parteigänger im Braunen Haus in München 1932 (rechts) und auf der Fahrt zum Nürnberger Parteitag 1934.

Hitler am 3. April 1942, mittags

Popularität sei ja überhaupt eine Qual, man könne sie nur verfluchen. Vier Jahre lang habe er es fertiggebracht, kein Bild von sich in die Öffentlichkeit kommen zu lassen. Einem Italiener, der ihn habe fotografieren wollen, hätten seine SA-Leute den Apparat zusammengeklappt, so daß er (Hitler) sich hernach wegen Bedrohung eines Ausländers habe vor Gericht verantworten müssen ... Nach seiner Haftentlassung (aus Landsberg) habe er das Fotografieren nicht mehr hindern können. Seitdem sei es mit seinem Privatleben aus.

... Zum Beispiel einer Dame in München oder sonstwo einen privaten Besuch abzustatten, sei restlos unmöglich. Schon eine Stunde vorher stünden zwölf Schupos vor der Haustür, und dahinter drängten sich dann nach und nach die Massen. Er sei glücklich, daß wenigstens die Terrasse des Hauses der Deutschen Kunst in München so hoch sei, daß er dort im Sommer mal in Ruhe sitzen könne, ohne daß ihm ständig Hände und Autogrammbitten heraufgereicht werden könnten.

François Darlan, 1941 für den Fall des Todes von Marschall Pétain durch Verfassungsakt zum Nachfolger des französischen Staatschefs bestimmt, trifft am 11. Mai des Jahres Hitler auf dem Berghof. Der Admiral, der als Minister im französischen Kabinett zunächst einen Ausgleich mit Deutschland anstrebte, geht nach der Landung der Amerikaner in Nordafrika zu ihnen über und gibt am 13. November 1941 der französischen Flotte Befehl, sich den Alliierten anzuschließen. Am Heiligabend 1942 fällt Darlan dem Revolveranschlag eines de-Gaulle-Anhängers zum Opfer. Foto rechts: Admiral Darlan berichtet den Mitgliedern des Vichy-Kabinetts Bouthillier und Huntzinger über den Besuch bei Hitler. Oben: Darlan und Frau nach der Flucht in Algier.

Hitler am 5. April 1942, abends

Als er den ersten Auftrag gegeben habe, wieder 21-cm-Geschütze zu bauen, habe irgendein nachgeordneter Angsthase statt der von ihm befohlenen 60 nur sechs in Auftrag gegeben. Er habe diesen Herrschaften dann erst einmal klarmachen müssen, daß – wenn man schon einmal Vertragsbestimmungen umgehe – es absolut keine Rolle spiele, in welchem Umfang man den Bestimmungen zuwiderhandle. ...

Heute sei es Aufgabe unserer Wehrmachtsstellen, darauf zu achten, daß die Franzosen nicht etwas Ähnliches machten. Ihm sei aufgefallen, daß Admiral Darlan, der französische Vizestaatschef, in seinem Aufruf an die Franzosen unter einer Fülle von Harmlosigkeiten auch das Vorbeugen für die Zukunft als Ziel seiner Politik hingestellt habe ... Es sei aber ein unkluges Unterfangen, wenn man mit Taschenspielerstückchen einen alten langjährigen Taschenspieler übers Ohr hauen wolle. Frankreichs Aufgabe für die nächsten 50 Jahre sei vorerst einmal, die Schuld von Versailles abzuarbeiten.

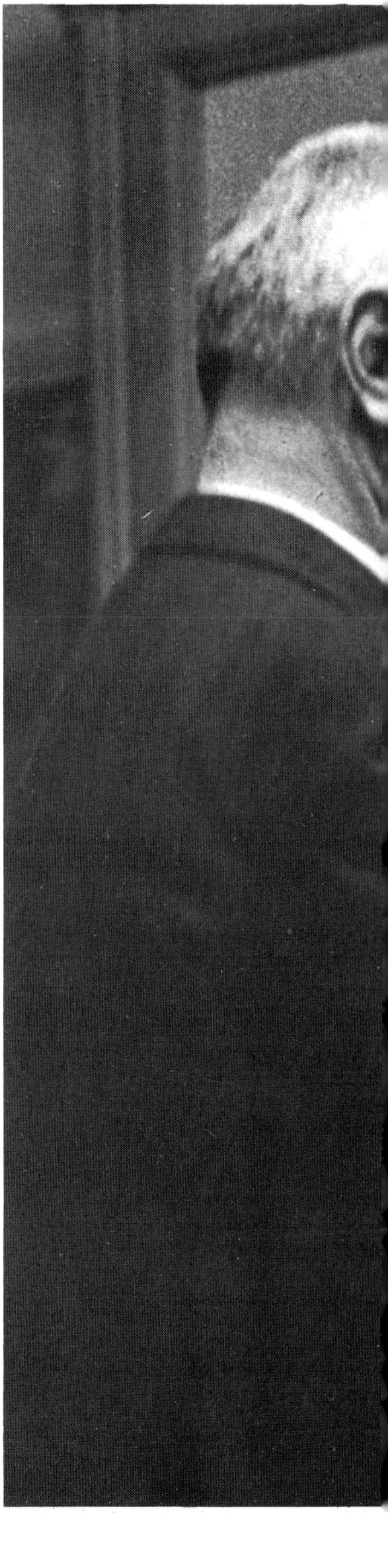

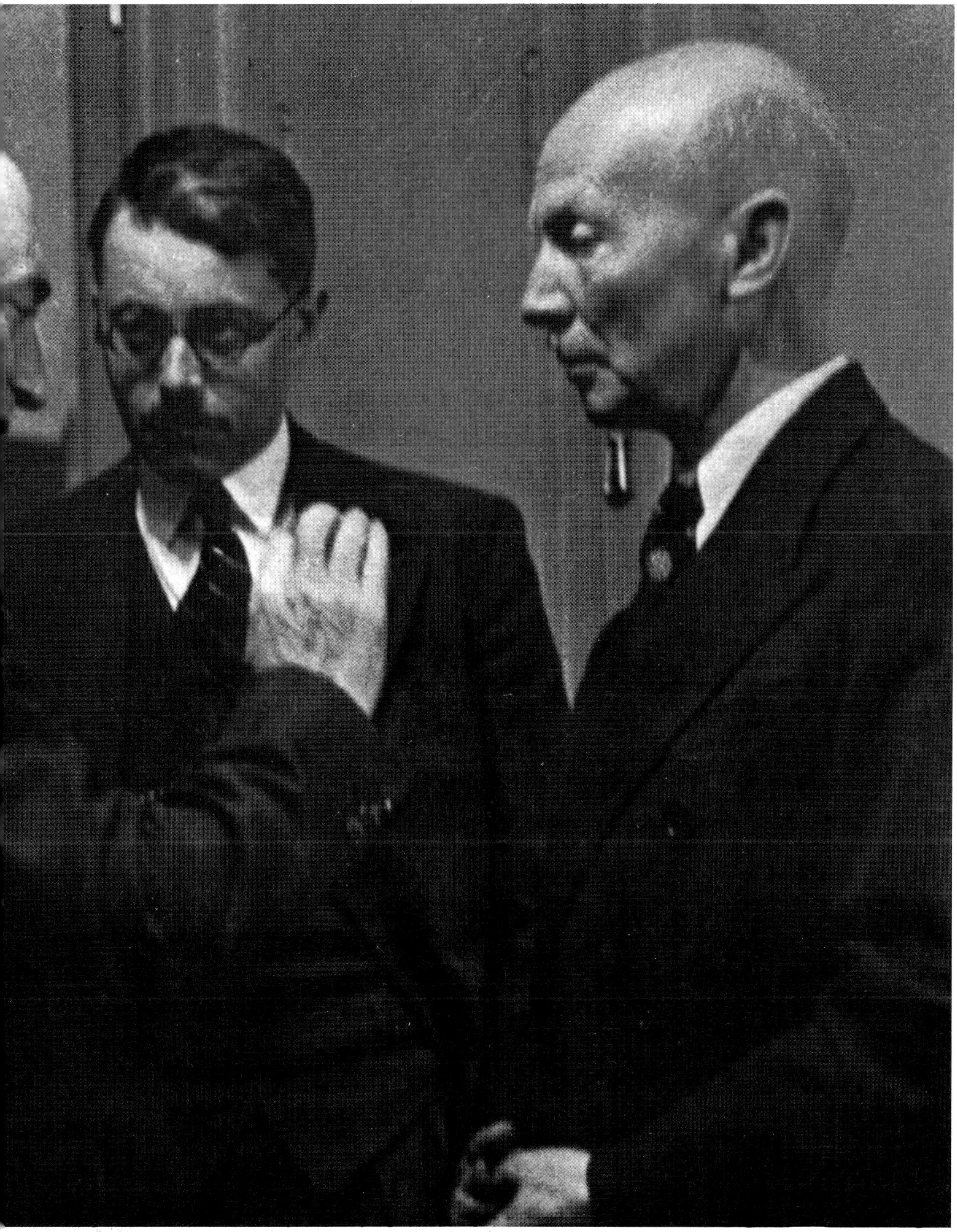

Abgabe
Zulassungs-
karten

1919. Räterepublik in München. Revolutionäre besetzen den Hauptbahnhof (links) und demonstrieren in den Straßen der bayerischen Hauptstadt (oben).

Revolution in Berlin. Mitglieder des Arbeiter- und Soldatenrates am Brandenburger Tor.

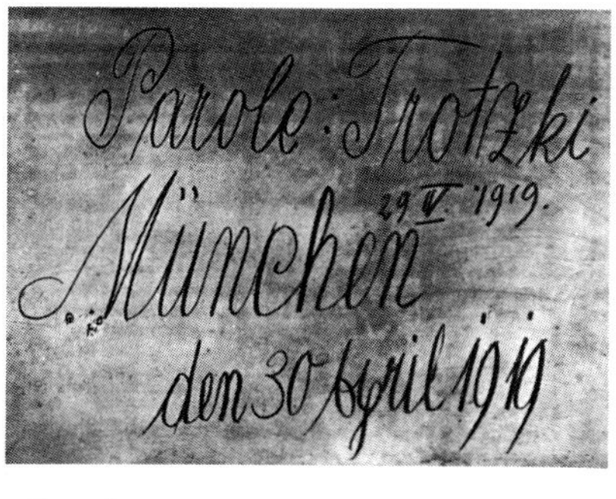

»Trotzki« lautet die letzte Tagesparole der Revolutionäre vor Niederschlagung des Aufstandes in München.

Hitler am 7. April 1942, abends
Wenn man Berichte über den Verlauf der Revolution (1918/1919) nachlese, müsse man immer wieder feststellen, daß die ganze sogenannte Volksbewegung in eine ganz gewöhnliche, ganz gemeine Dieberei und Plünderei ausgewachsen sei. Man könne daher nur Verachtung für die Schwächlinge haben, die vor diesem Gesocks ausgerissen seien. Wenn heute irgendwo im Reich eine Meuterei ausbreche, würde er ... alle leitenden Männer gegnerischer Strömungen, und zwar auch die des politischen Katholizismus, alle Insassen von Konzentrationslagern und alle kriminellen Elemente innerhalb von drei Tagen erschießen lassen. ... Das sei er den Kämpfern der Front, Rüstung und Heimat schuldig.

1934, Reichsparteitag in Nürnberg. Hitler begrüßt den von ihm ernannten »Reichsbischof« Ludwig Müller, den Vertreter der evangelischen Kirche, und den katholischen Abt Schachleiter.

1935, Neujahrsempfang des Diplomatischen Korps in Berlin. Hitler im Gespräch mit dem Apostolischen Nuntius, Monsignore Cesare Orsenigo. Links daneben Frankreichs Botschafter Francois-Poncet.

Hitler am 7. April 1942, abends

Zu bedauern sei, daß in der Auseinandersetzung mit der Katholischen Kirche die Evangelische Kirche nicht als Gegner von Format gewertet werden könne. Schon Äußerlichkeiten beim alljährlichen Diplomatenempfang hätten ihm das gezeigt.

Der Nuntius und der ihn begleitende Bischof seien so prächtig gekleidet gewesen, daß sie die Katholische Kirche wahrhaft würdevoll repräsentiert hätten. Die Vertreter der Evangelischen Kirche hätten unsaubere Kragen und dreckige Gehröcke angehabt und in diesem Aufzug das ganze Bild gestört. Er habe ihnen mitteilen lassen, daß er bereit sei, ihnen auf Staatskosten zum nächsten Diplomatenempfang eine anständige Bekleidung zur Verfügung zu stellen.

Ihre Vertreter seien derartige Spießer, daß sie seinerzeit den Reichsbischof sogar bei ihm madig zu machen versucht hätten mit der Mitteilung, daß er sich für 1400 Reichsmark ein neues Schlaf- und Wartezimmer angeschafft habe. Er (Hitler) habe den Herren darauf nur erwidern können, wenn sie einen Anschaffungspreis von 30 000 Reichsmark beim Reichsbischof als dem Papst der Evangelischen Kirche beanstandet hätten, hätte er nichts dagegen einzuwenden gehabt und die Kosten auf den Staat übernommen. So aber sprächen sie sich selbst ihr Urteil.

Nationalsozialistische Deutsche Arbeiterpartei

Nationalsozialisten! Alte Parteigenossen u. Genossinnen!

Freitag Bürgerbräu-Keller

zur Wiederbegründung
der Nationalsozialistischen Deutschen Arbeiterpartei die erste

Große öffentl. Massenversammlung

Adolf Hitler

über:

Deutschlands
Zukunft und unsere
Bewegung

Juden haben keinen Zutritt

Das Kampfblatt d. Nationalsozialistischen Bewegung Großdeutschlands
„Völkische Beobachter", Herausgeber Adolf Hitler

Blutrote Plakate sollen die Marxisten reizen. Auf keinem fehlt der Zusatz, daß »Juden keinen Zutritt« zu den Hitler-Versammlungen haben.

Die »Alten Kämpfer« treffen sich 1931 im Münchner Bürgerbräukeller, einer ihrer Hauptkampfstätten. Im engsten Kreis sind Schlips und Kragen durchaus erlaubt. V. l. n. r.: Strasser, Fiehler, Weber, Hitler, Schaub, Schwarz, Amann, Graf.

SA-Sprechchöre auf Lastkraftwagen, die mit Plakaten und Hakenkreuzfahnen geschmückt sind, sorgen für Unruhe auf deutschen Straßen. Hitlers Werbung kündigt »Pfaffen und Juden« eine unsichere Zukunft an, droht den Emigranten mit dem Galgen.

Hitler am 8. April 1942, mittags

Bei seinem politischen Kampf sei es ihm nie darauf angekommen, das sich nach Ruhe und Ordnung sehnende und in seiner politischen Haltung feige Bürgertum zu gewinnen. Um den Arbeiter für die NSDAP zu erobern, habe er u. a. dafür gesorgt, daß alle Anhänger der Bewegung ohne Schlips und Kragen und ohne sich fein gemacht zu haben in die Versammlung gingen ... Er habe damit zugleich bürgerliche Elemente abzuschrecken versucht, um die Bewegung von vornherein von Angsthasen freizuhalten. Er habe politische Gegner durch Saalschutz stets so unsanft hinausbefördern lassen, daß die gegnerische Presse – die die Versammlungen sonst totgeschwiegen hätte – über die Körperverletzungen berichtete und dadurch auf die Versammlungen der NSDAP aufmerksam machte.

Hitler am 8. April 1942, mittags
Um das Gewinnen der Arbeiterschaft habe sich besondere Verdienste Julius Streicher erworben. Er habe die Hochburg des Marxismus, Nürnberg, erobert ... Dadurch daß Streicher ganz stur immer auf dem Juden herumgeschimpft habe, sei es ihm gelungen, die in der SPD oder KPD organisierte Arbeiterschaft von ihrer jüdischen Führerschaft zu trennen. ... Diese Verdienste dürfe man ihm nie vergessen. Streicher sei auch ein Meister der Versammlungstaktik gewesen, indem er zur Diskussion sprechende Gewerkschaftssekretäre nicht nur lächerlich und madig, sondern geradezu unmöglich gemacht habe, während er zur Diskussion sprechende Arbeiter zu überzeugen versucht hätte.

Der Lehrer Julius Streicher (unten) gründet 1919 die »Sozialistische Partei« Frankens. 1922 unterstellt er sie Hitler. Lange Jahre bilden die Franken die stärkste Gruppe in der Nationalsozialistischen Partei. Das antisemitische Hetzblatt »Der Stürmer«, seit 1923 von Streicher herausgegeben, überlebt die Parteikarriere des »Frankenführers«, der 1940 als Gauleiter von Mittelfranken wegen Korruption abgelöst wird. 1946 wird Julius Streicher nach dem Urteil des Internationalen Gerichts im Nürnberger Gefängnis hingerichtet, das er einmal als Naziführer nach kurzer Haft unter dem Jubel seiner Anhänger verließ (oben).

Streicher spricht auf dem Hesselberg vor fränkischen Bauern (rechts).

Der VW-Heckmotor, der Hitler als Einheitsmotor vorschwebt.

Im Hauptquartier »Wolfsschanze« führt Ferry Porsche, der Sohn des VW-Konstrukteurs, den Schwimmvolkswagen vor. Porsche in Zivil links von Hitler, rechts der Reichsführer-SS Himmler.

VW-Konstrukteur Ferdinand Porsche (in Zivil) neben Hitler bei bei einer Waffenvorführung.

Hitler am 9. April 1942, mittags

Aus militärischen Gründen sei eine Beschränkung der deutschen Autoproduktion auf zehn bis zwölf Typen nach dem Kriege erforderlich, um das Genie unserer Erfinder auf eine weitgehende Motorvereinfachung hinzulenken . . . Das Wichtigste aber sei, daß man einen Einheitsmotor schaffe, den man sowohl in Feldküchen als in Krankenwagen, ferner in Aufklärungsfahrzeugen, in Schleppern und Zugmaschinen für schwere Infanteriegeschütze einbauen könne. Der 28-PS-Motor des Volkswagens würde für diese militärischen Zwecke durchaus ausreichen. Gerade dieser Krieg sei der beste Beweis dafür, daß man im Kriege mit Höchstgeschwindigkeiten nichts anfangen könne. Von der ganzen Autoraserei müßten wir deshalb unbedingt wieder loskommen.

Der anzustrebende Einheitsmotor . . . müsse leicht auswechselbar sein, da – wie dieser Krieg lehre – die Beschaffung von Ersatzteilen mehr Schwierigkeiten mache, als aus einem Fahrzeug, bei dem lediglich das Chassis kaputt sei, den intakt gebliebenen Motor zu übernehmen.

Hitler am 9. April 1942, mittags
Die Jagdleidenschaft sei eine Leidenschaft, die die Jäger wie eine moderne Freimaurerei engstens verbinde. Industriebetriebe hätten sich bereits große Jagden zugelegt, um so mit maßgebenden Politikern, die leidenschaftliche Jäger sind, besser ins Geschäft zu kommen. Denn – wie der frühere Wiener Oberbürgermeister Neubacher einmal bekannt habe, sei von Jägern, die das Jagdfieber auf ein kapitales Stück Wild richtig gepackt habe, alles zu bekommen.

Hermann Göring, unter den NS-Machthabern der passionierteste Jäger, mit Jagdgästen in der Schorfheide (oben) und in seinem Haus Karinhall (rechts).

München 1938. Festumzug anläßlich der Einweihung des Jagdmuseums. Nackte Münchnerinnen verkörpern Diana und ihre Töchter. Ehrengast: der »Reichsforst- und Reichsjägermeister« Hermann Göring.

Hitler am 9. April 1942, abends
Man müsse die Verdienste des italienischen Botschafters Dino Alfieri um die deutsch-italienische Freundschaft so hoch werten, daß seine Schwächen keine Rolle spielten. In der kritischen Zeit, als der nationalsozialistische Aufstand 1934 in Österreich Mussolini zu dem einzigen politisch falschen Entschluß seines Lebens, der Mobilmachung gegen Deutschland, gebracht habe, habe Alfieri für Deutschland optiert. ... Er habe damit nicht nur Italien, sondern auch Deutschland einen unschätzbaren Dienst erwiesen. Das abgerüstete Deutschland hätte damals für die vereinten militärischen Kräfte Italiens, Frankreichs und Englands ein Schlachtfeld ... wie im Dreißigjährigen Krieg dargestellt.

25. Juli 1934. Österreichs Nationalsozialisten putschen in Wien. Sie wollen die Regierung Dollfuß stürzen und den Anschluß an Deutschland, 1918/19 von den Siegermächten untersagt, erzwingen. Bundeskanzler Engelbert Dollfuß wird ermordet, der Putsch niedergeschlagen.

Regierungstruppen belagern das von Putschisten besetzte Wiener Funkhaus.

Die Straßen Wiens sind wieder in der Hand der Regierungstruppen.

Der Altfaschist Dino Alfieri zählt zu Mussolinis engsten Vertrauten. Im Mai 1940 entsendet ihn der italienische Diktator als Botschafter nach Berlin (rechts). Alfieri wird zum entscheidenden Befürworter für Italiens Kriegseintritt. 1942 in den Großen Faschistischen Rat berufen, gehört er am 25. Juli 1943 zum Kreis jener Männer, die Mussolini stürzen.

Bundeskanzler Dollfuß nimmt wenige Tage vor seiner Ermordung einen Vorbeimarsch ab.

Standrecht in Wien.

Der Münchner Kardinal Faulhaber setzt sich mit dem »Mythus« auseinander und verhilft ihm dadurch zu ungewollter Verbreitung. Faulhaber ist Verfasser der Enzyklika Pius XI. vom 21. März 1937 »Mit brennender Sorge«, die gegen die Vergötterung irdischer Werte wie Rasse, Volk, Staat, gerichtet ist.

1922, nach Verbüßung einer Haftstrafe, verläßt der Chefredakteur des »Völkischen Beobachters«, Rosenberg (zweiter von rechts), das Gefängnis Stadelheim. Am Steuer des Wagens der SA-Führer Pfeffer von Salomon.

Alfred Rosenberg, Alt-Parteigenosse seit 1919, will mit seinem Werk »Der Mythus des 20. Jahrhunderts« zur weltanschaulichen Schulung der Nationalsozialisten beitragen.
Die Pseudo-Lehre aus Mystizismen, Heroismen und Biologismen findet jedoch wenig Anklang bei den Genossen. 1941 ist Rosenberg Reichsminister für die besetzten Ostgebiete.

Hitler am 11. April 1942, abends

Er habe abgelehnt, Rosenbergs »Mythos« parteipäpstlichen Charakter zu geben, da schon sein Titel schief sei... Man habe sogar Schwierigkeiten gehabt, die Erstlingsauflage abzusetzen. Erst als das Werk in einem Hirtenbrief erwähnt worden sei, sei es gelungen, die ersten 10 000 Exemplare loszuwerden. Daß der Münchner Kardinal Faulhaber so dumm gewesen sei, auf einer Bischofskonferenz Zitate aus dem »Mythos« anzuführen und anzugreifen, habe erst die zweite Auflage ermöglicht. Als das Buch dann auf den Index gekommen sei, da man der Partei eine Häresie unterstellt habe, sei die Nachfrage nach dem Buch weiter gestiegen. Und als dann von der Katholischen Kirche all die Kampfschriften gegen die Rosenbergschen Gedankengänge mit all ihren Erwiderungen herausgekommen seien, sei die Auflagenziffer auf 170 000 beziehungsweise 200 000 hinaufgeklettert. Er freue sich immer, wenn er feststellen müsse, daß eigentlich nur unsere Gegner in dem Buch richtig Bescheid wüßten. Ebenso wie viele Gauleiter habe auch er es nämlich nur zum geringen Teil gelesen, da es zu schwer verständlich geschrieben sei.

Olympiade 1936 in Berlin. Die französische Mannschaft marschiert ins Stadion ein und entbietet Hitler und den Ehrengästen den olympischen Gruß. Die von Goebbels gelenkte Presse aber berichtet fälschlich: Franzosen ehrten den Führer mit dem Deutschen Gruß. – Rechts das Olympiastadion und Maifeld beim Staatsbesuch von Mussolini 1937.

Hitler am 12. April 1942, mittags
Als die Olympischen Spiele (1936) in Deutschland abgehalten werden sollten, seien ihm vom Reichsinnenministerium zwei Projekte für den Ausbau eines Berliner Stadions für 1,1 und 1,4 Millionen Mark vorgelegt worden. Keinem der Sachbearbeiter sei also aufgegangen, daß es sich bei den Olympischen Spielen um eine einmalige Möglichkeit für uns handelte, Devisen zu bekommen und unser Auslandsansehen zu erhöhen. ... Das Stadion habe dann (entsprechend seiner Weisung) 77 Millionen gekostet und uns eine halbe Milliarde Devisen eingebracht. Gerade dieses Beispiel zeige, daß wir Deutschen lernen müßten, uns von Halbheiten frei zu machen und stets größtmöglichen Erfolg und ganze Lösungen zu suchen. ... Gerade für die Führung eines Krieges sei es entscheidend, daß man bereits die Friedensrüstung ausschließlich auf die erforderlichen Kriegsleistungen und den anzustrebenden militärischen Erfolg abstelle. ... Bei diesem Krieg müsse man sich immer wieder vor Augen halten, daß bei einem Verlust sowieso alles im Buddel sei.

Hitler am 12. April 1942, abends
Die Eremitage (in Leningrad) mit ihren einmaligen Schätzen sei von ihm aus Judenbesitz erworben worden, nachdem sie durch russische Juden nach den USA und durch amerikanische Juden nach Holland verscheuert worden sei ... Er habe sie mit 9 Millionen RM durch Gläubigerabfindung aus einer pleite gegangenen jüdischen Vermögensmasse gekauft ... In dem in Deutschland beschlagnahmten Besitz der Juden habe sich nicht ein einziges »entartetes« Kunstwerk befunden. Sie hätten aber mit ihrer Presse den Kunstgeschmack der übrigen Menschheit so verdorben, daß er im Ausland mit dem Verkauf der Bilder aus der Ausstellung »Entartete Kunst« Riesengeschäfte gemacht habe ...
Man habe den Künstlern früher zu wenig Verständnis entgegengebracht. Schinkel habe für jahrelange Arbeit an Entwürfen für ein Schloß von den Hohenzollern ... lediglich eine Tabaksdose erhalten. Künstler hätten sich so in ihrer Not gezwungen gesehen, ihr gesamtes Kunstschaffen jüdischen Kunsthandlungen vertraglich zuzusichern. Gott sei Dank bringe man dem Künstler heute eine andere Einstellung entgegen. So habe er zum Beispiel dafür gesorgt, daß Arno Brekers Jahreseinkommen ... nicht um mehr als 15 Prozent durch Steuern geschmälert wird.

Ein sehr aufschlußreicher
rassischer
Querschnitt
Man beachte besonders auch die unten stehenden drei Malerbildnisse. Es sind von links nach rechts: Der Maler Morgner, gesehen von sich selbst. Der Maler Radziwill, gesehen von Otto Dix. Der Maler Schlemmer, gesehen von E. L. Kirchner.

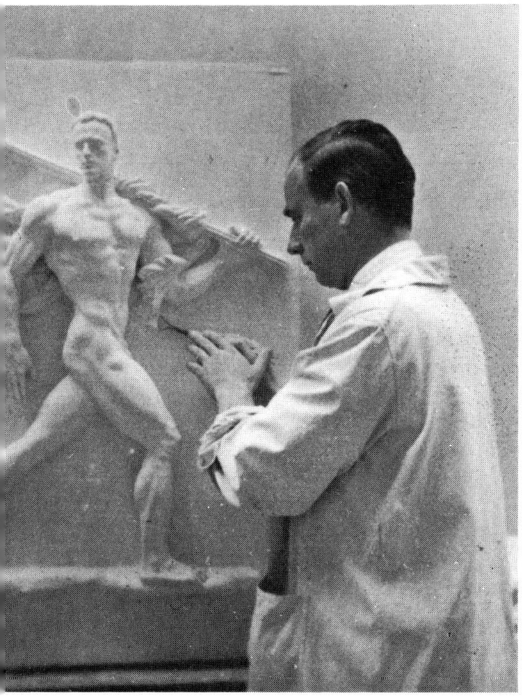

Ein »grauenhaftes Schlußkapitel kulturellen Zerfalls« nennt der Katalog die Ausstellung »Entartete Kunst«, eine Auswahl aus ca. 5000 Grafiken und Gemälden, die bis 1937 in Deutschland beschlagnahmt und aus den Museen entfernt werden. Auch die drei Porträts namhafter deutscher Maler (oben) fallen darunter und werden mit Skulpturen und Zeichnungen afrikanischer Völker verglichen.

Seine Kolossalstatuen nordischer Helden machen Arno Breker, den schon vor der Hitlerzeit international bekannten Künstler, zum Lieblingsbildhauer des deutschen Diktators.
Links: Brekers Relief »Kameraden«. Daneben: Breker arbeitet am »Fahnenträger«.

Hans Luther, 1879–1962, Ernährungs-, Finanzminister und Reichskanzler in verschiedenen deutschen Kabinetten, wird 1930 Reichsbankpräsident. 1933 schickt ihn Hitler als Botschafter nach Washington. Nach dem Kriege wird er Professor für Neuere Geschichte in München. Oben: Luther mit seiner Familie.

Hitlers Reichsbankpräsident und Wirtschaftsminister Dr. Hjalmar Schacht bei der Eröffnung des deutschen Pavillons auf der Weltausstellung 1937 in Paris (rechts). Er finanziert Hitlers Arbeitsbeschaffungs- und Aufrüstungsprogramm, kommt 1944 ins KZ und wird 1946 in Nürnberg freigesprochen.

Hitler am 22. April 1942, mittags

Eine seiner ersten Besprechungen auf dem Gebiet der Aufrüstung sei 1933 mit dem damaligen Reichsbankpräsidenten Dr. Luther erfolgt, da das Reichshaushaltsdefizit damals 2,7 Milliarden betragen habe. Luther habe ihm ... aus Reichsbankmitteln 100 Millionen zur Verfügung stellen wollen. Er (Hitler) habe zunächst geglaubt, falsch gehört zu haben, da er bei einem Finanzmann angenommen habe, einige Kenntnisse auf dem Gebiet der Rüstungskosten voraussetzen zu können. ... Dem schlauen Rat Meißners folgend, habe er Luther dann für seinen freiwilligen Rücktritt den Botschafterposten in Washington angeboten, da er dort doch nichts habe verderben können ...
Mit Schacht habe er dann eine Persönlichkeit von internationalem Rang auf den Posten des Reichsbankpräsidenten gesetzt. Schacht habe erkannt, daß ohne Milliardenbeträge jeder Versuch einer deutschen Aufrüstung lächerlich sei. ... Er sei ein unerhört intelligenter Mensch im »Bescheißen« ... Deshalb sei er seinerzeit nicht zu entbehren gewesen. Vor jeder Konferenz der Internationalen Bank in Basel habe sich die halbe Bankwelt erkundigt, ob Schacht an der Tagung teilnehmen werde. Erst wenn das festgestanden habe, seien die Bankjuden aus aller Welt angereist gekommen. Dabei hätten gerade die Taschenspielerkunststücke von Schacht gezeigt, daß ein intelligenter Arier auch auf diesem Gebiet dem Juden überlegen sein könne.

Hitler am 23. April 1942, abends
Bei seinen Besuchen in Italien sei es für ihn kein ausgesprochenes Vergnügen, immer und ewig mit den häßlichen Frauen des italienischen Hofes zusammenzusitzen. ... Die italienische Kronprinzessin hätte ihm noch nicht einmal ein warmes Mittagessen vorzusetzen verstanden. ... Welch ein Genuß sei es da, sich einmal mit einer so hochgescheiten und ansprechenden Frau wie der Edda Mussolini unterhalten zu können! Wie sehr sich eine solche Frau von jenen anderen unterscheide, beweise allein schon die Tatsache, daß sie sich freiwillig als Krankenschwester für die im Osten eingesetzten italienischen Divisionen zur Verfügung gestellt habe.

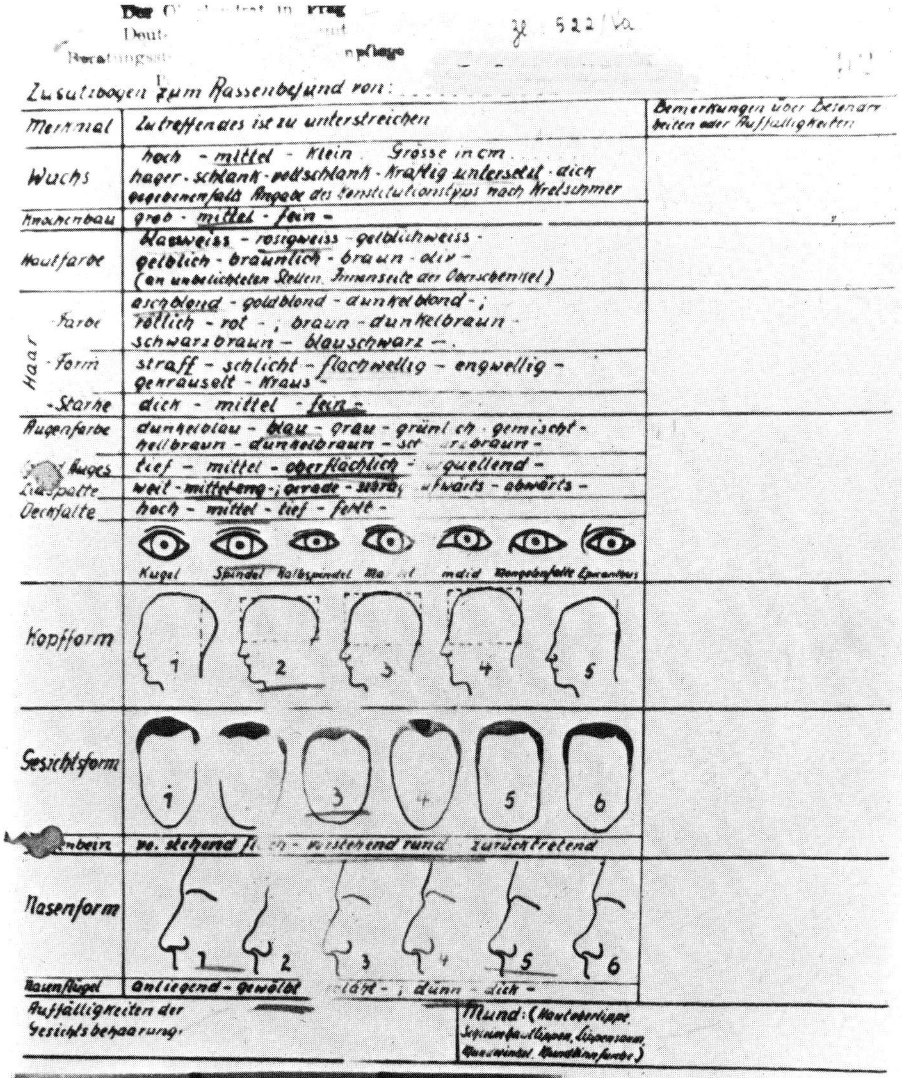

Der O[illegible] in Prag
Deut[illegible]
Beratungsst[illegible] [illegible]pflege
[illegible] 522/Va

Zusatzbogen zum Rassenbefund von: ....

Merkmal	Zutreffendes ist zu unterstreichen	Bemerkungen über Besonderheiten oder Auffälligkeiten
Wuchs	hoch - mittel - klein Grösse in cm .... hager - schlank - vollschlank - kräftig untersetzt - dick gegebenenfalls Angabe des Konstitutionstyps nach Kretschmer	
Knochenbau	grob - mittel - fein -	
Hautfarbe	blassweiss - rosigweiss - gelblichweiss - gelblich - bräunlich - braun - oliv - (an unbelichteten Stellen, Innenseite des Oberschenkel)	
Haar - Farbe	aschblond - goldblond - dunkelblond - ; rötlich - rot - ; braun - dunkelbraun - schwarzbraun - blauschwarz - .	
Haar - Form	straff - schlicht - flachwellig - engwellig - gekräuselt - kraus -	
Haar - Stärke	dick - mittel - fein -	
Augenfarbe	dunkelblau - blau - grau - grünl[illegible] - gemischt - hellbraun - dunkelbraun - sc[illegible]braun -	
[illegible] Auges	tief - mittel - oberflächlich - [illegible]quellend -	
[illegible]spalte	weit - mittelweng - ; gerade - schräg [illegible]wärts - abwärts -	
Deckfalte	hoch - mittel - tief - fehlt -	
	Kugel Spindel Halbspindel Ma[illegible] [illegible]ndid Mongolenfalte Epicanthus	
Kopfform	1 2 3 4 5	
Gesichtsform	1 2 3 4 5 6	
[illegible]nbein	vo. stehend fl[illegible] - vorstehend rund zurücktretend	
Nasenform	1 2 3 4 5 6	
Nasenflügel	anliegend - gewölbt [illegible]läht - ; dünn - dick -	
Auffälligkeiten der Gesichtsbehaarung:		Mund: (Hautoberlippe, Schleimhautlippen, Lippensaum, Mundwinkel, Mundkinnfurche)

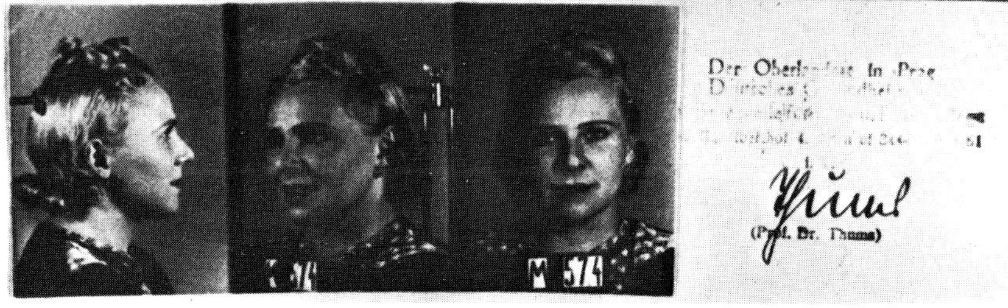

[Gl]ückliche Ehe Edda Mussolinis mit [G]rafen Ciano — oben: Hochzeit links im Bild der Brautvater [Musso]lini — endet im Januar 1944. [Der e]hemalige Außenminister Italiens im Großen Faschistischen Rat [de]n Sturz seines Schwiegervaters [...]nmt. Nach seiner Befreiung läßt [Musso]lini Ciano vor Gericht stellen [...]estätigt das Urteil: Tod durch [...]eßen.

[K]ronprinzessin von Italien, José, zu Gast bei Hitler im [...]teinhaus.

Hitler am 24. April 1942, abends
Er sei kein Freund davon, den auf eine gewisse Sexualnot zurückgehenden Eheschließungsanträgen mit Ausländerinnen in größerem Umfang zu entsprechen. ... Wenn er die Bilder der antragstellenden Soldaten und die Bilder der Ausländerinnen vergleiche, so werde er den Gedanken nicht los, daß eine wirkliche deutsche Ehe mit diesen meist schiefen, krummen oder häßlichen Ausländerinnen weder auf die Dauer glücklich werden könne noch vom Standpunkt des deutschen Volkstums aus einmal wertvolle Ergebnisse erwarten lasse. Er sei dann schon mehr dafür, diskrete Seitensprünge zuzulassen als solche aus einer gewissen Schlamperei heraus geborene Ehen.

Einer Überprüfung auf Rassereinheit müssen sich Ausländerinnen unterziehen, die deutsche Soldaten heiraten wollen. Dabei werden Paßbilder und Aktfotografien für den Rassebefund von ihnen angefertigt.

1942 entflieht Henri Giraud (links) aus deutscher Kriegsgefangenschaft. Der französische General schlägt sich zu den in Nordafrika gelandeten Amerikanern durch. Er versucht, sich an die Spitze der französischen Befreiungsbewegung zu setzen, aber de Gaulle ist nicht bereit, die Führungsposition mit ihm zu teilen. Roosevelt und Churchill versuchen bei ihrem Treffen in Casablanca im Januar 1943 vergeblich, die beiden Franzosen zu versöhnen.

Hitler am 25. April 1942, mittags
Man müsse alles daransetzen, des aus der deutschen Kriegsgefangenschaft geflohenen französischen Generals Giraud wieder habhaft zu werden. Soweit ihm bekannt sei, handle es sich bei dem General um einen sehr tüchtigen Mann, und man könne nicht wissen, ob er nicht – wenn er zur französischen Opposition, den de-Gaulle-Leuten, übergehe – deren führender Kopf würde. Unter den tüchtigen Soldaten der Weltgeschichte gäbe es ja ... zahlreiche, die erst als Endsechziger oder in den Siebzigerjahren die großen Taten ihres Lebens vollbracht hätten.

Tischgespräch am 26. April 1942, mittags
Reichsminister Dr. Goebbels erzählte Hitler von seinen Erfahrungen mit der politischen Haltung der Künstler. Selbst ein Mann wie der Staatsschauspieler Jannings habe von ihm erst kürzlich wieder darauf hingewiesen werden müssen, daß er sich staatsfeindlicher Äußerungen zu enthalten habe. Er habe darauf gemeint, daß man sich doch schließlich wohl noch unterhalten könne, und habe erst nach längerem Hin und Her eingesehen, wie leicht seine Äußerungen Anlaß zu staatsfeindlichen Gerüchten oder sonstigem staatsfeindlichem Gerede geben könnten. Hitler bestätigte daraufhin, daß auch er immer wieder die Feststellung habe machen müssen, daß Schauspieler und Künstler so sehr Phantasten seien, daß man sie von Zeit zu Zeit mit erhobenem Zeigefinger auf den Boden der Wirklichkeit zurückholen müsse.

Emil Jannings, 1924 in »Der letzte Mann«, einem seiner ersten großen Filmerfolge. – Oben: Goebbels, Filmregisseur Hans Steinhoff, die Schauspieler Claus Clausen und Emil Jannings.

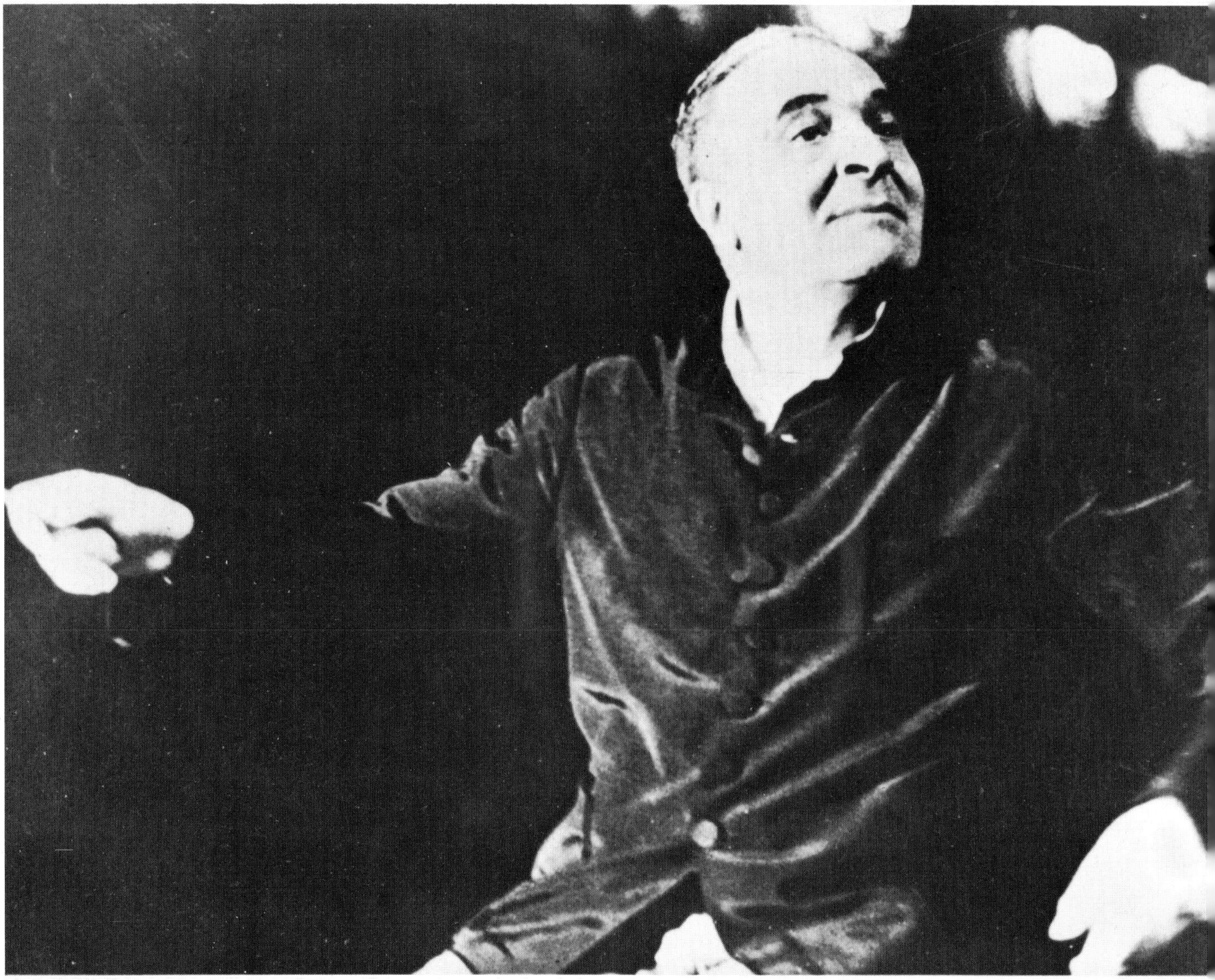

Bruno Walter, 1876–1962, deutscher Dirigent, Operndirektor in München, Berlin und Wien, tritt nach der Besetzung Österreichs als Generaldirigent der Wiener Oper zurück; als Jude wird er von Hitler verfolgt. Der bereits international anerkannte Künstler wird in der Emigration einer der bedeutendsten Interpreten europäischer Musik in Amerika.

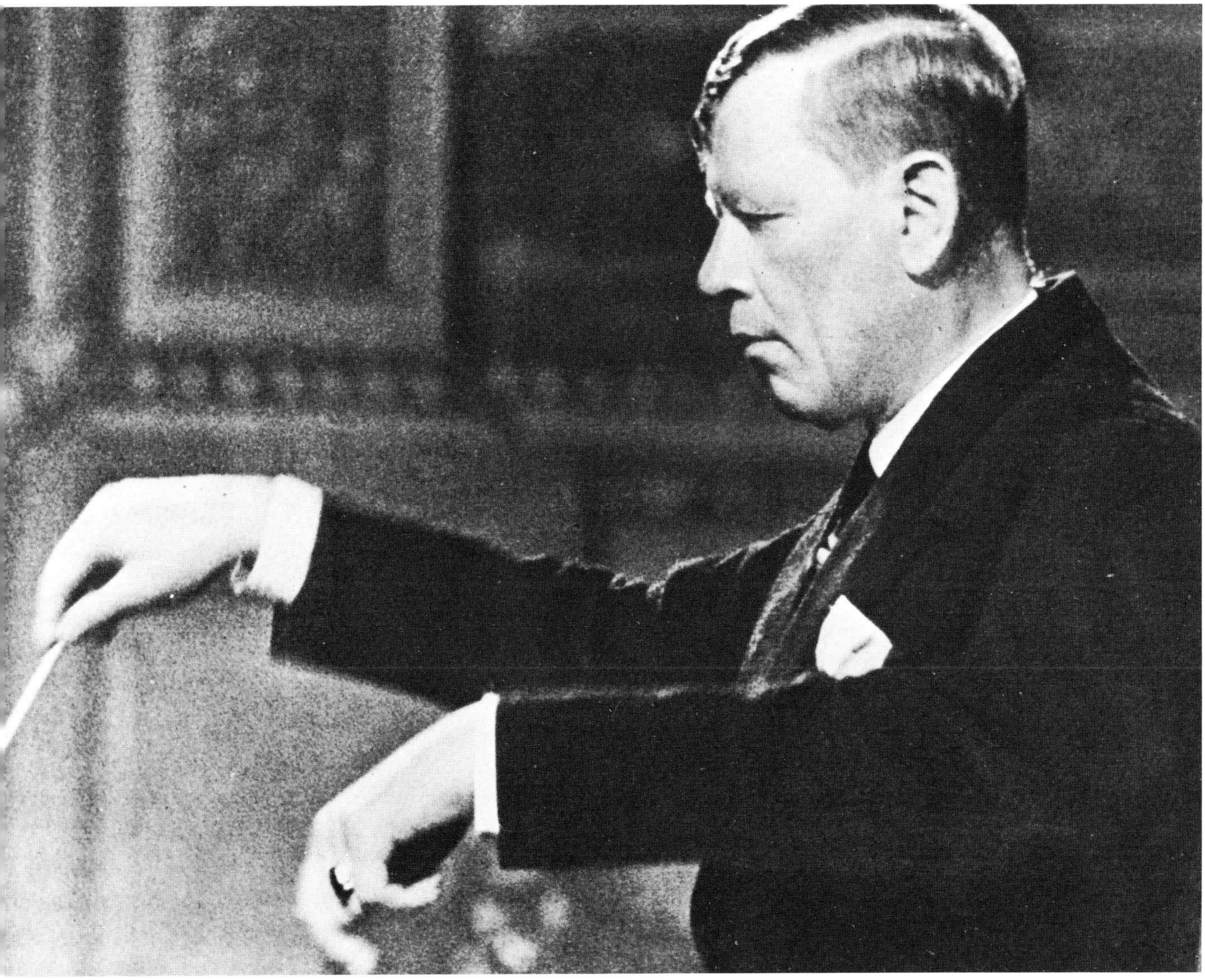

Hans Knappertsbusch, 1888–1965, deutscher Dirigent, Operndirektor in Elberfeld, Dessau, München und Wien, schafft sich durch seine Neueinstudierungen aller Wagner-Opern einen Namen. Bis zu seinem Tode ist er Gastdirigent der Bayreuther Festspiele.

Hitler am 30. April 1942, abends
Wichtig sei die Heranbildung von Dirigenten. Wenn genügend gute Dirigenten in der Systemzeit (vor 1933) zur Verfügung gestanden hätten, wäre der Bruno-Walter-Schwindel kaum möglich gewesen. Bruno Walter sei an der Wiener Oper lediglich als eine absolute Null bekannt gewesen, als die Judenpresse Münchens ... ihn zu dem »genialsten« Dirigenten Deutschlands hochgelobt hätte ... Knappertsbusch, den man nach Walters Ablösung wegen des ungeheuren Mangels an wirklich befähigten Dirigenten nach Wien habe holen müssen, sei mit seinen blonden Haaren und seinen blauen Augen zwar ein Germane, glaube aber nur mit Temperament und ohne jedes musikalische Gehör Musik machen zu können. Sich eine Opernaufführung Knappertsbuschs anzuhören, sei eine Strafe. ... Der einzige Dirigent, der die Dirigentenbewegungen nicht als Mätzchen ausführe, sondern aus sich heraus dirigiere, sei Furtwängler. Eine seiner größten Leistungen sei es auch, was er aus dem Berliner Philharmonischen Orchester gemacht habe, das die Wiener Philharmoniker trotz wesentlich geringerer staatlicher Subventionen weit übertreffe.

Hitlers Fahrer Erich Kempka, mit Mussolini im Wagen. – Daneben, hinter Himmlers Rücken, Sicherheitschef Hans Rattenhuber.

»Ruhig aufrecht im Wagen, weil gegen idealistische Attentäter doch kein Kraut gewachsen ist«: Hitler nimmt den Vorbeimarsch seiner Leibstandarte ab.

Scharf bewacht von SS und SA begibt sich Hitler 1927 zum Parteitag in Nürnberg.

Hitler am 3. Mai 1942, mittags
Gegen einen idealistisch gesinnten Attentäter, der für seinen Plan rücksichtslos sein Leben aufs Spiel setze, sei kein Kraut gewachsen. Es sei ihm daher vollkommen verständlich, warum 90 Prozent der historischen Attentate gelungen seien. Das einzige, was man vorbeugend tun könne, sei: Spaziergänge, Autofahrten und Reisen völlig unregelmäßig durchzuführen ... und die Polizei nicht zu verständigen. Er habe auch dem Leiter seines Sicherheitskommandos, Rattenhuber, und seinem Fahrer Kempka Anweisung gegeben, seine Fahrten absolut geheim zu halten, auch wenn noch so hohe Vorgesetzte sie um Auskunft angingen. ... Da es gegen den Idealisten unter den Attentätern bei offiziellen Angelegenheiten mit vorher bekanntem Programm keinen hundertprozentigen Schutz gebe, stelle er sich ruhig aufrecht in den Wagen. Auf diese Weise bestätige sich immer wieder das Wort, daß dem Mutigen die Welt gehöre. Wenn ein Attentäter ihn niederschießen oder mit einer Bombe töten wolle, so sei dagegen auch im Sitzen keine Abwehr möglich.

Hitler am 3. Mai 1942, abends
Er wünsche keine Eingriffe in letztwillige Verfügungen, wenn durch diese nicht Rechte von Staat und Volk in der krassesten Weise verletzt würden. ... Er habe sich mit diesem Problem auseinandersetzen müssen, als Ludendorff gestorben sei. Ludendorff habe nämlich in seinem Testament ausdrücklich verfügt, daß er nicht auf dem Invalidenfriedhof in Berlin und auch nicht im Ehrenmal von Tannenberg beigesetzt werden wolle, sondern in Tutzing. So ärgerlich diese letztwillige Verfügung für ihn (Hitler) gewesen sei, so habe er sie, um keinen Präzedenzfall zu schaffen, doch beachtet.

Erich Ludendorff, Generalquartiermeister des deutschen Heeres im Ersten Weltkrieg – Mitte neben dem SA-Führer Hermann Göring –, nimmt 1923 am »Marsch zur Feldherrnhalle« teil. Nach der Niederschlagung des Hitlerputsches wird er 1924 wegen Hochverrats angeklagt. Links oben: Ludendorff verläßt das Gericht nach seinem Freispruch.
Während Hitler inhaftiert ist, übernimmt Ludendorff die Schirmherrschaft über die verbotene SA, oben: bei einem SA-Treffen mit Hitlers späterem Chef-Adjutanten (bis 1941) Wilhelm Brückner (links). Zur Reichspräsidentenwahl 1925 stellt Hitler den Generalfeldmarschall von Hindenburg auf. Ludendorffs politische Karriere ist beendet, als Hitler ihn nach Hindenburgs Sieg fallen läßt. Seine Freundschaft zu Hitler verwandelt sich in eisige Ablehnung.

48 Stunden vor dem Mordbefehl gegen den Chef der SA, Ernst Röhm, nimmt Hitler am 28. Juni 1934 als Trauzeuge an der Hochzeit des Gauleiters von Essen, Josef Terboven, teil. Terboven, von 1940–1945 Hitlers Satrap in Norwegen, endet bei Kriegsende durch Selbstmord.

Der »Chef der Reichskanzlei«, Lammers, und Staatssekretär Stuckart (links im Bild) sind Hitlers engste Berater in der zivilen Staatsverwaltung. Ohne Mütze: Ministerialrat Heim, der einen Teil der »Tischgespräche« aufgezeichnet hat.

Erich Koch, seit 1928 Gauleiter von Ostpreußen, wird 1941 Reichskommissar der Ukraine, einer der rücksichtslosesten Statthalter Hitlers in den eroberten Ostgebieten (unten links).

Hinrich Lohse, ab 1925 Gauleiter in Schleswig-Holstein, verwaltet für Hitler die eroberten baltischen Staaten und ist für deren Ausbeutung verantwortlich (Mitte).

Baldur von Schirach, seit 1940 Reichsstatthalter und Gauleiter von Wien (unten rechts), wird 1946 vom Internationalen Militärtribunal wegen Deportation der Wiener Juden zu 20 Jahren Haft verurteilt.

Hitler am 5. Mai 1942, abends
Wie schwer es sei, für alle Führungsstellen die geeigneten Männer zu finden, davon wisse er ein Lied zu singen. Immer wieder müsse er auf dieselben Leute zurückgreifen. Selbst bei der Besetzung der Reichskommissarposten im Osten habe er auf den Einsatz alter Gauleiter wie Lohse und Koch nicht verzichten können. Dabei sei er bestrebt, die führenden Männer möglichst lange in ihren Positionen zu halten, um wirklich gediegene Arbeit mit ihnen zu leisten. ...
Er sei besonders froh, für die nationalsozialistische Jugendbewegung seinerzeit in Schirach den richtigen Mann gefunden zu haben, dessen Verdienst es sei, die größte Jugendbewegung der Welt aufgebaut zu haben. Dabei sei Schirach doch als Junge zu ihm gekommen ...
In Gauleiter Terboven habe er für eines unserer schwierigsten Reichskommissariate, nämlich für Norwegen, einen geeigneten Leiter gefunden ... Terboven wisse, daß er Schwemmsand unter die Füße bekomme, wenn er nicht rücksichtslos zugreife. Deshalb habe er den Teil der norwegischen Lehrerschaft, der geglaubt habe, Sabotage üben zu sollen, festnehmen lassen. Bedauerlich sei nur, daß bei den Marineleuten, die den Transport dieser Lehrer durchführen sollten, die deutsche Gutmütigkeit einmal wieder Orgien gefeiert habe. Sie hätten den Seetransport nämlich abgelehnt, weil an Bord der Schiffe nicht genügend Schwimmwesten vorhanden seien, anstatt zu bedenken, daß es für diese Norweger doch ein Vergnügen sein müsse, sich von ihren geliebten Engländern torpedieren und auf den Meeresgrund schicken zu lassen ...
Der einzige Jurist, der unter seinen Mitarbeitern wirklich etwas tauge, sei Lammers. Lammers wisse, daß er dazu da sei, um für Staatsnotwendigkeiten die juristische Untermauerung zu finden ...
Ohne diese Fülle von guten Mitarbeitern wäre er (Hitler) in seiner politischen Arbeit sicherlich nicht so vorangekommen, wie es tatsächlich der Fall sei.

Englands Zeitungskönig, Lord Rothermere, Herr über 13 Tages-, 2 Sonntags- und zehn Wochenzeitungen, zu Gast bei Hitler und Goebbels. Hitler gab der »Daily Mail« vor der Machtübernahme viele Interviews. Mit dem Honorar finanzierte er u. a. seine Deutschland-Reisen.

Die engsten Vertrauten der »Kampfzeit«, von links: Hitler, Adolf Wagner, Gauleiter von München-Oberbayern, das Finanzgenie der Partei, Franz Xaver Schwarz, und Philipp Bouhler.

Deutschlands Zeitungskönig, Alfred Hugenberg, Chef des Scherl-Verlages und der Ufa-Filmgesellschaft, stellt ab 1929 seine Zeitungen in den Dienst der Sache Hitlers. Durch Hugenbergs Zeitungen wird der Führer der süddeutschen Bewegung in ganz Deutschland bekannt.

Hitler am 6. Mai 1942, mittags

Alle exponierten Stellen, die irgendwie auf die öffentliche Meinung von Einfluß seien, habe der Jude sich beizeiten erschlichen und sich so eine ungeheure Machtposition gegenüber der Presse, dem Film und den übrigen die öffentliche Meinung gestaltenden Faktoren geschaffen. ... Am gefährlichsten seien die Annoncen-Agenturen in Judenhänden, denn die Juden könnten durch Sperrung der Annoncen eine große Tageszeitung völlig ruinieren ... Hugenberg und Lord Rothermere seien von einer selbstbewußt nationalen Politik dadurch wieder abgebracht worden, daß die Juden ihnen die Annoncen zu entziehen gedroht hätten. Es sei seine (Hitlers) Stärke gewesen, daß er die Zeitungen der NSDAP ... von den jüdischen Annoncen-Agenturen unabhängig aufgezogen und sie dadurch zu einem wirtschaftlich gänzlich unangreifbaren Gebilde gemacht habe. Das hätte ihn veranlaßt, auch die Partei als Ganzes wirtschaftlich unangreifbar zu machen ... Reichsschatzminister Schwarz habe die Einnahmen der Bewegung aus Beiträgen, Versammlungen und so weiter so geschickt in die Ausgabekanäle geleitet, daß auch die Finanzierung des Schlußkampfes 1932 noch möglich gewesen sei.

Adolf Müller, der Drucker der Parteizeitung »Völkischer Beobachter«.

Hitler am 6. Mai 1942, mittags

Die größten Versammlungseinnahmen habe außer Mutschmann (Gauleiter von Sachsen) Parteigenosse Ley erzielt. Er habe ihn (Hitler) als Ungeheuer dargestellt und dadurch die Industriellen und ihre Damen so neugierig auf ihn gemacht, daß sie bis zu 200 Reichsmark für einen Platz in einer seiner Kölner Versammlungen gezahlt hätten. Leider seien die Einnahmen aus den Versammlungen bei den Leyschen Zeitungsunternehmen und für den unbezahlten Druck von Flugblättern wieder verlorengegangen. ... Ein Mann wie Müller, der in eigenem Namen und für eigene Rechnung die Druckerei des »Völkischen Beobachters« betrieb, hätte Flugblätterbestellungen nur gegen Barzahlung zu übernehmen brauchen. Andere Bestellungen hätte er mit dem schlichten Hinweis abgewimmelt, daß seine Arbeiter nicht von der Gesinnung, sondern nur von den ihnen bezahlten Löhnen leben könnten. ...

Wenn er (Hitler) etwas von geschäftlichen Dingen verstehe, so danke er das den ewigen Sorgen mit der Parteipresse. Am schlimmsten sei es 1932 gewesen, wo er eine Fülle von Schuldanweisungen habe unterschreiben müssen. Ebenso wie damals ... unterschreibe er heute die Schuldanweisungen für das Reich ... in der Überzeugung: Wenn dieser Krieg nicht erfolgreich ausgeht, ist sowieso alles hin, und man kann dann gar nicht genug Schulden im Kampf um den Erfolg gemacht haben.

Schuldschein der NSDAP zur Finanzierung ihrer »germanischen Presse«. – Links: Hitler und sein Gauleiter in Sachsen, Martin Mutschmann. Zwischen ihnen der Leipziger Oberbürgermeister Carl Friedrich Goerdeler, der 1944 einer der führenden Männer des 20. Juli sein wird.

Robert Ley, Hitlers Gauleiter am Rhein, später Leiter der Deutschen Arbeitsfront, erhängt sich 1945, bevor er im Nürnberger Prozeß angeklagt werden kann (rechte Seite).

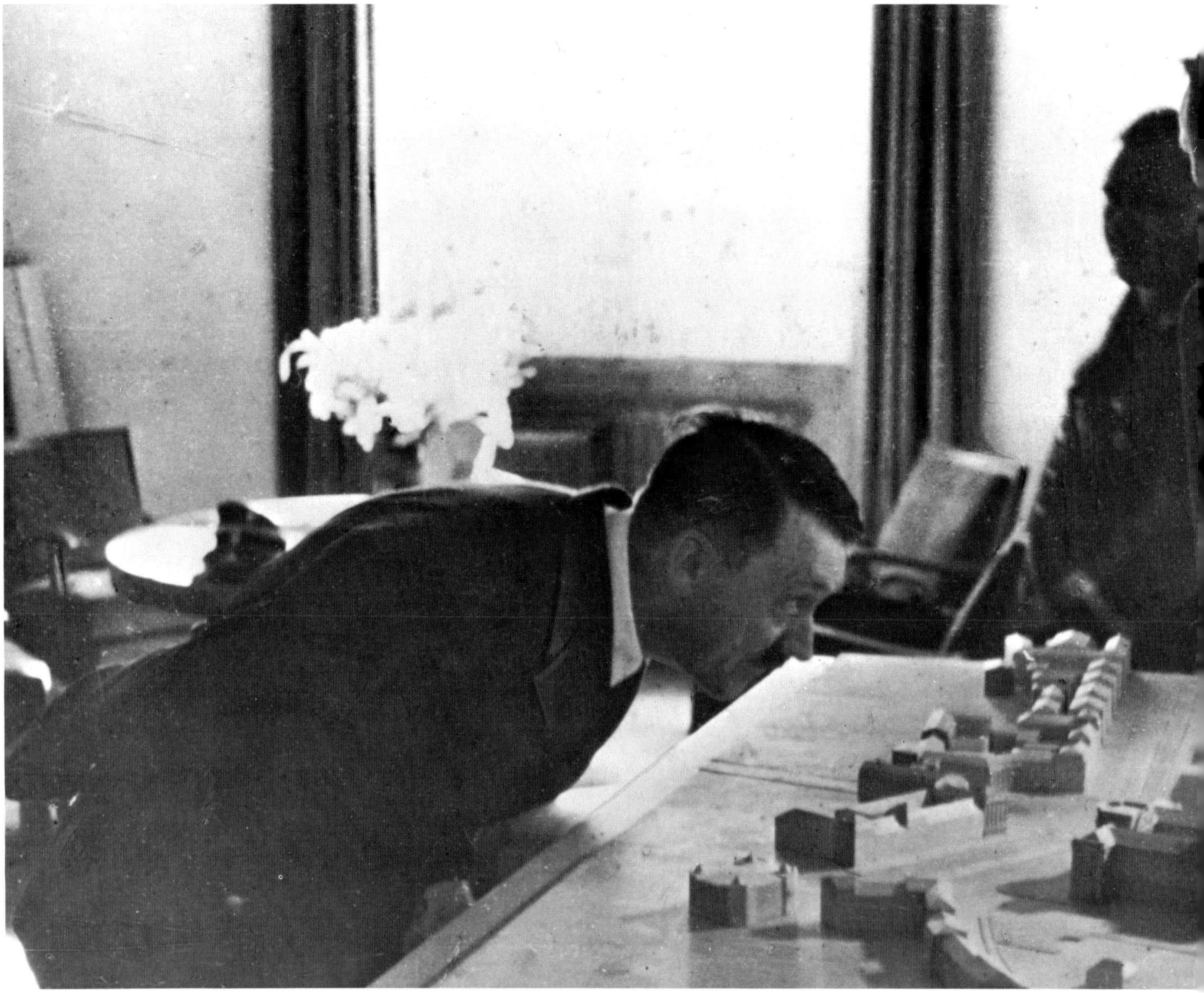

Hitler am 10. Mai 1942, mittags
Der Weg von Menschen, die berufen seien, einmal Großes in ihrem Leben zu leisten, sei doch recht seltsam. Daß ein solcher Mensch schon als Kind als besonderes Talent erkannt worden sei, sei wohl nur bei Mozart der Fall gewesen. Irgendwann auf ihrem Lebensweg schlage das Schicksal plötzlich diese Menschen an und lasse sie ihre besondere Stärke erkennen. . . . Wenn der Krieg nicht gekommen wäre, wäre er sicher Architekt geworden, vielleicht – ja wahrscheinlich sogar – einer der ersten, wenn nicht der erste Architekt Deutschlands, und nicht, wie es heute der Fall sei, der erste Geldbeschaffer für Deutschlands beste Architekten.

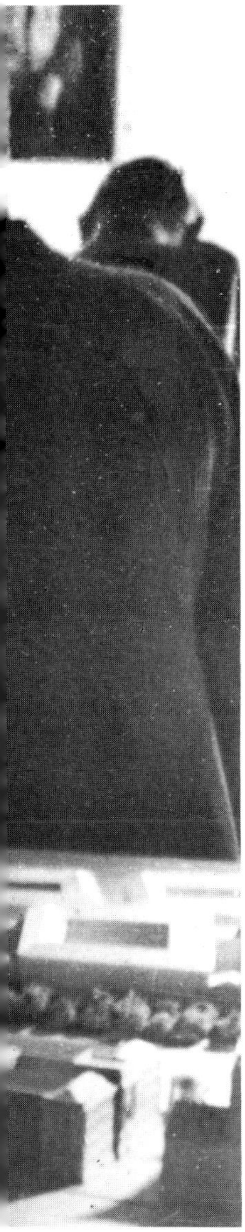

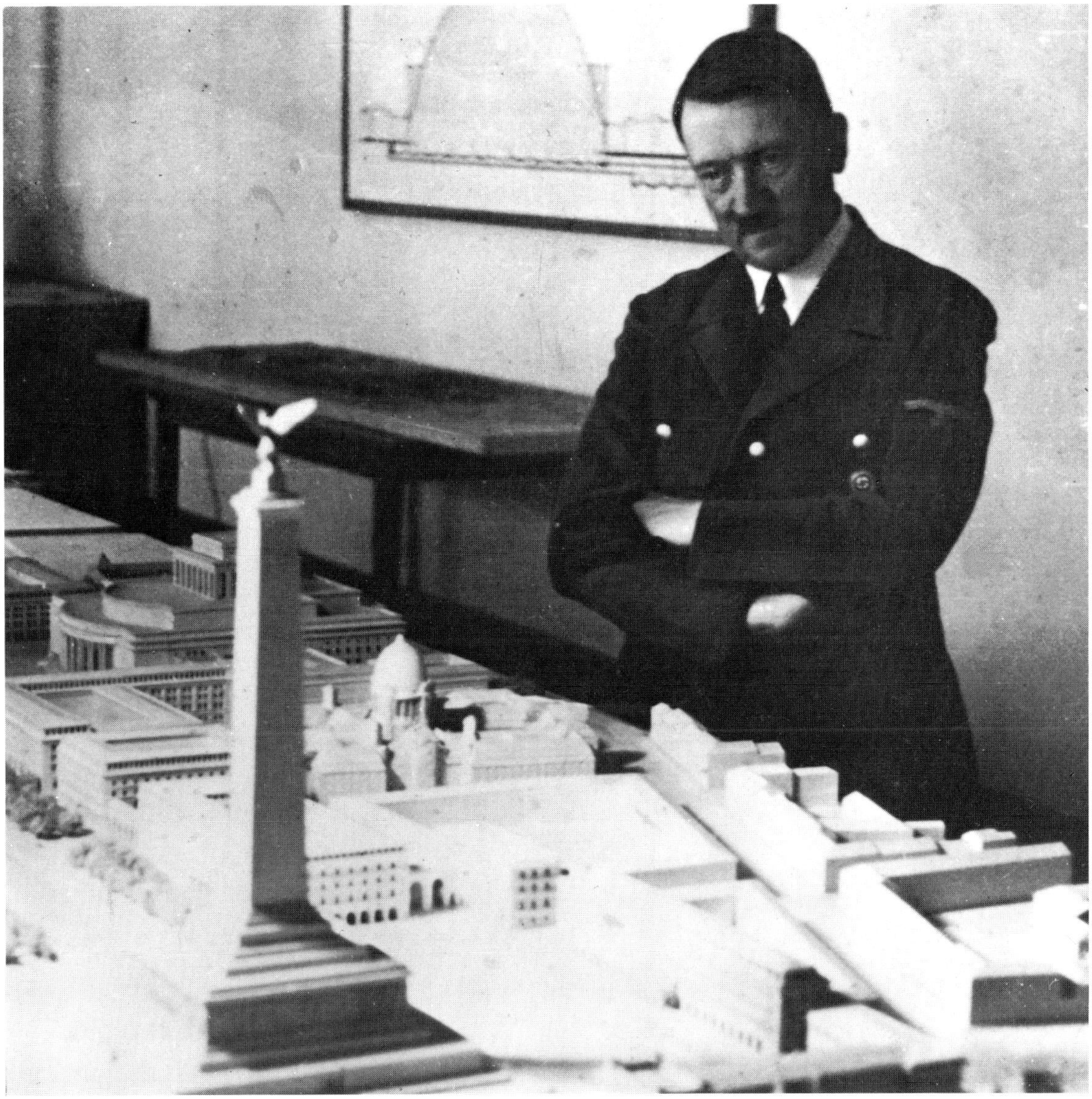

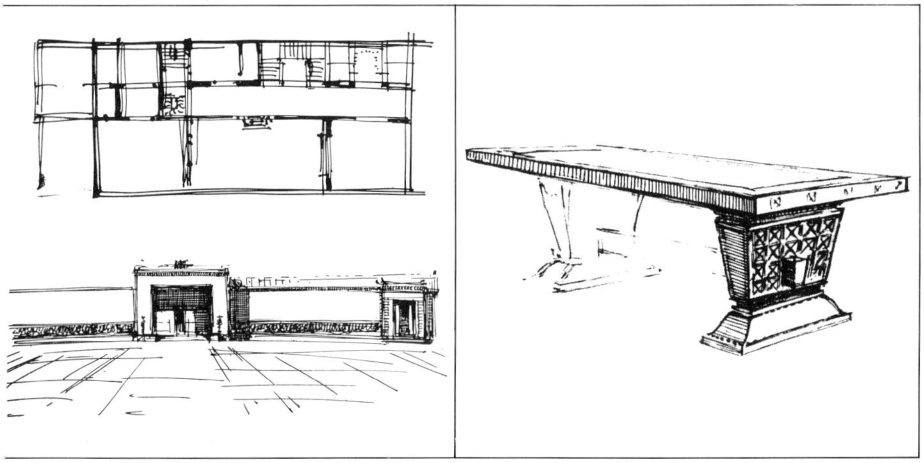

1907, 18 Jahre alt, will Hitler Kunstmaler werden. Die Akademie in Wien lehnt seine Probezeichnungen als »ungenügend« ab. Er bewirbt sich um die Aufnahme in die Architekturklasse. Auch hier wird er wegen fehlenden Talents abgewiesen.
Oben: »Der Baumeister Deutschlands« besichtigt im Kriege das Modell zur Neugestaltung Münchens. Im Vordergrund das »Monument der Bewegung«. Es soll die 99 Meter hohen Frauentürme um mehr als das Dreifache überragen, doch es wird nie gebaut.
Links: Entwurf Hitlers für den Bau einer Kongreßhalle und eines Schreibtisches.

Fritz Sauckel, NSDAP-Mitglied seit 1923, wird 1942 von Hitler zum Generalbevollmächtigten für den Arbeitseinsatz ernannt. Wegen der rücksichtslosen Ausbeutung von Fremdarbeitern verurteilt ihn der Nürnberger Militärgerichtshof 1946 zum Tode.

Friedrich Hildebrandt wird 1933 Reichsstatthalter in Mecklenburg. Hindenburgs Kommentar beim Unterschreiben der Ernennungsurkunde: »Kann der Mann denn nicht endlich Ruhe geben. Er sollte doch froh sein, daß er als Landarbeiter Reichstagsabgeordneter geworden ist.«

Hitler am 10. Mai 1942, mittags

Das Gefährlichste sei die Einseitigkeit, mit der Erwachsene Kinder oft beurteilten. ... Die Eltern machten derlei Fehler noch schlimmer, indem sie das Kind vorzeitig für bestimmte Berufe vorzubereiten suchten... Ihn selbst habe man schon mit 13 Jahren für die Beamtenlaufbahn begeistern wollen und in das Linzer Hauptzollamt, einen wahren Staatskäfig, geschleppt, in dem die alten Herren aufeinander gehockt hätten, so dicht wie die Affen. ... Man habe ihm damit die Beamtenlaufbahn von vornherein verekelt. Er sei daher ein Feind davon, die Söhne zu früh auf einen bestimmten Beruf festlegen zu wollen, man müsse sie erst von ihrem 18. Lebensjahr an sich nach und nach entscheiden lassen.

Was in einem Menschen endgültig stecken könne, zeige ja das Beispiel eines so tüchtigen Gauleiters wie das Hildebrandts, der Landarbeiter gewesen sei, oder Sauckels, den er (Hitler) sogar wegen seiner außerordentlichen Befangenheit verkannt habe.

Hitler am 10. Mai 1942, abends

Bei ihren Machenschaften nach der Machtübernahme 1933 sei den Kommunisten Gott sei Dank ein ganz besonders teuflischer Plan, 10 000 Brände zur gleichen Zeit am selben Tage zu legen, mißlungen; denn die Kräfte der Polizei und der Feuerwehren wären auf diese Weise derart zersplittert worden, daß der Schaden und die Folgen gar nicht abzusehen gewesen wären. . . .

Binnen drei Tagen hätte van der Lubbe, der den Reichstagsbrand gelegt habe, gehängt werden müssen ... Bei einem solchen raschen Verfahren hätte man auch Material zur Überführung des geistigen Urhebers, des heutigen GPU-Chefs der Sowjetunion, Dimitroff, erhalten. Aber die Juristen seien ja leider nur so international wie die Verbrecher, aber nicht so geschickt wie sie ... Was ein Richter von Format aus der Sache hätte machen können, zeige allein schon die Tatsache, daß ein kräftiges Ansprechen van der Lubbes durch Gruppenführer Heines (»Kopf hoch«) den Angeklagten zur Änderung seiner Haltung gebracht habe.

Der ausgebrannte Reichstag und sein Brandstifter, Marinus van der Lubbe, als Angeklagter vor dem Reichsgericht in Leipzig (oben rechts).

Edmund Heines, SA-Obergruppenführer von Schlesien (Bild: bei einem Appell 1933), herrschte van der Lubbe nach der Festnahme an: »Kopf hoch!«

Nach seinem Thronverzicht als König Eduard VIII. besucht der Herzog von Windsor – hier im Gespräch mit Goebbels – im Oktober 1937 auch Hitler auf dem Berghof.

Hitler am 13. Mai 1942, abends
Die Engländer sähen offenbar erst beim vollen Zusammenbruch ein, daß sie die erste Rolle in Europa nicht mehr spielen könnten. . . . Der einzige Engländer, der die politischen Gegebenheiten von heute erkannt habe, sei der Herzog von Windsor gewesen . . . Diesen Mann habe man in England fortgeschickt und statt des Ausgleichs mit Deutschland die Brüderschaft mit den USA gesucht, einem Lande, das gar nicht über die nötige Moral verfüge, um den Kampf um die neue Weltordnung zu gewinnen.

Philippe Pétain (1856–1951), der »Sieger von Verdun« im Ersten Weltkrieg, muß 1940 vor den Deutschen kapitulieren. Als Staatschef ist er nach der Besetzung Frankreichs um einen Ausgleich mit Deutschland bemüht: Rechts sein Treffen mit dem mißtrauischen Hitler in Montoire am 24. Oktober 1940. Nach dem Kriege wird der Marschall wegen Kollaboration zum Tode verurteilt, dann aber zu lebenslänglicher Haft begnadigt.

Hitler am 13. Mai 1942, abends
Frankreichs Zukunft hänge von der einschneidenden politischen Alternative Kolonialmacht oder Kontinentalmacht ab. Es brauche einen Mann, der eiskalt die Konsequenzen ziehe. Marschall Pétain sei dieser Mann nicht ... So hochbejahrte Männer seien durch ihre allzu großen Erfahrungen nur belastet. Schon er selber überlege heute vieles zwei-, dreimal, was er vor zehn Jahren ohne weiteres riskiert habe.
Eine Auseinandersetzung mit Pétain erscheine ihm deshalb bei aller Verehrung für die Gradheit dieses Mannes . . . völlig zwecklos. ... Auch unter den Mitarbeitern Pétains, zum Beispiel Laval, verfüge keiner über die Möglichkeiten, um die notwendigen klaren Entscheidungen fällen zu können. Wenn Frankreich heute vor Mord und Totschlag unter seinen Bürgern behütet werde, so verdanke es das allein unseren Besatzungstruppen.

Pierre Laval, Ministerpräsident der Vichy-Regierung, wird wegen seiner anfänglichen Zusammenarbeit mit den Deutschen in den Augen seiner Landsleute zum Verräter und 1945 hingerichtet.

NATIONAL-SOZIALISTISCHE D.A.P.

Hitler am 15. Mai 1942, mittags
Jeder deutsche Orden gehe erfahrungsgemäß kaputt, wenn er an Ausländer verliehen werde . . . Selbstverständlich könne die Verleihung von Orden an Ausländer ihren Nutzen haben. Denn die Menschen — vor allem die Diplomaten — seien auch im Ausland eitel und könnten daher durch die Dekorierung mit einem eindrucksvollen deutschen Orden zu einer mehr oder minder prodeutschen Haltung veranlaßt werden. Er habe deshalb, um nicht unsere deutschen Orden, die nur unter höchstem Lebenseinsatz erworben werden könnten, durch Verleihung an Ausländer billig werden zu lassen, einen Sonderorden für Ausländer geschaffen.
Er habe das um so leichteren Herzens getan, als die Herstellung dieses Ordens weniger koste als die eines silbernen oder goldenen Zigarettenetuis, wie das Reich sie früher an Ausländer verschenkt habe. Man laufe bei diesem Orden, von dem eine Prachtausgabe schon für einige zwanzig Mark zu haben sei, auch keine Gefahr, daß der Nutzen, der bei seiner Verleihung herausspringe, geringer sei als die Unkosten, selbst wenn er lediglich auf Grund einer einmaligen oder mehrmaligen Teilnahme an einem Frühstück verliehen werde. . . .
Der Staats-Orden, den er im Zusammenhang mit dem Tode Dr. Todts gestiftet und ihm als erstem verliehen habe, sei ausschließlich als Anerkennung für die höchsten Leistungen geschaffen worden, die ein einzelner Mensch überhaupt für das Deutsche Reich erbringen könne.

Den »Deutschen Orden« (linke Seite, oben) stiftet Hitler für Deutsche, die sich »um das deutsche Volk besonders verdient« gemacht haben. Als erster wird Minister Dr. Fritz Todt für den Autobahn- und Westwallbau damit ausgezeichnet. Mit wenigen Ausnahmen (Arthur Axmann, Konstantin Hierl und zwei Gauleiter) wurde der Orden nur posthum verliehen. – Die höchste deutsche Tapferkeitsauszeichnung, das »Ritterkreuz des EK mit goldenem Eichenlaub, Schwertern und Brillanten« (unten links), erhält als einziger Soldat der Flieger Hans Ulrich Rudel. — Daneben: der Orden für Ausländer, das »Goldene Großkreuz des deutschen Adlerordens«.

Fritz Todt berichtet Hitler über den Fortgang der Arbeiten beim Autobahnbau (rechts). — Nach einem Besuch in Hitlers Hauptquartier stürzt Todt am 8. Februar 1942 mit dem Flugzeug bei Rastenburg ab. Seine sterblichen Überreste werden nach Berlin übergeführt und dort auf dem Invalidenfriedhof beigesetzt (oben).

Hitler am 18. Mai 1942, abends
Gerade unsere Auseinandersetzung mit Rußland beweise am nachdrücklichsten, daß ein Staatschef von sich aus losschlagen müsse, wenn er einen Krieg für unvermeidbar halte. Ein Brief, der bei Stalins Sohn gefunden und von einem seiner Freunde kurz vor unserem Angriff geschrieben worden sei, habe wörtlich die Wendung enthalten, daß er »vor dem Spaziergang nach Berlin« seine Anuschka noch einmal sehen wolle. Wenn er (Hitler) auf seine schlecht informierten Generale gehört und gewartet hätte und die Russen uns zuvorgekommen wären, hätte es auf dem wohlausgebauten mitteleuropäischen Straßensystem für ihre Panzer kaum mehr ein Halten gegeben.

Der älteste Sohn Stalins,
Jakob Dschugaschwili, gerät im Juli 1941 bei Witebsk in deutsche Gefangenschaft und wird als prominenter Häftling behandelt. Sein Schicksal bleibt lange ungewiß, bis die Kriegsgefangenenakte gefunden wird. Danach hat der Sohn des sowjetischen Diktators im Frühjahr 1943 in selbstmörderischer Absicht den Sperrbereich des Lagers Sachsenhausen betreten und ist von Wachtposten erschossen worden.

Hitler am 19. Mai 1942, mittags
Die Tschechei habe tatsächlich über ein sauberes und wohlassortiertes Lager an Waffen, Pulver und Munition verfügt, während Österreichs Rüstung lächerlich gewesen sei. Er werde nie vergessen, wie Schuschnigg zusammengerutscht sei, als er ihm erklärt habe, er solle die Sperren an unserer Grenze beseitigen, sonst werde er ein paar Pionierbataillone schicken und den Mist wieder wegräumen.

Kurt von Schuschnigg wird 1934 Nachfolger des ermordeten österreichischen Bundeskanzlers Dollfuß. Wie sein Vorgänger ist er gegen einen Anschluß an Deutschland. Als Hitler im Februar 1938 in Berchtesgaden von ihm verlangt, Österreich solle auf eine eigene Verteidigungs- und Außenpolitik verzichten und Nationalsozialisten in die Regierung aufnehmen, ruft Schuschnigg am 9. März seine Landsleute zu einer Volksabstimmung über die »Unabhängigkeit« auf. Hitler fordert darauf seinen Rücktritt, Schuschnigg gibt diesem Ultimatum am 11. März nach. Der Weg für die Besetzung Österreichs ist frei. Auf dem Bild erklärt Schuschnigg seinen Rücktritt.

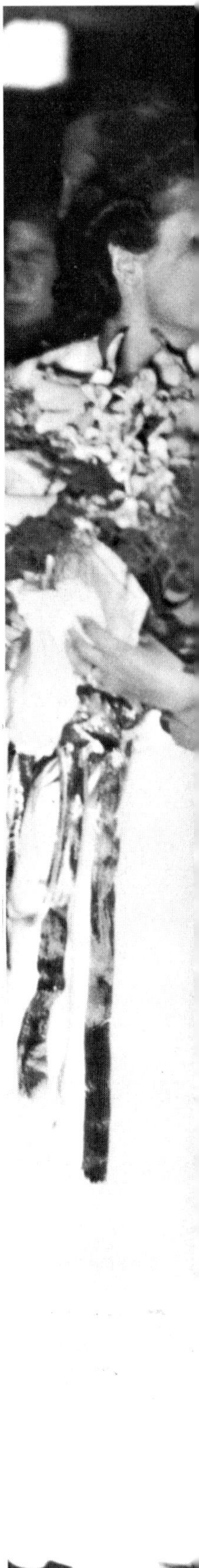

Seyß-Inquart, österreichischer Bundeskanzler nach dem Rücktritt Schuschniggs und SS-Gruppenführer h. c. im Gespräch mit der deutschen Filmregisseurin Leni Riefenstahl.

Vor der Truppenparade in Wien begrüßt Hitler den österreichischen K. u. K.-General Alfred Krauß, Österreichs Generalstabschef an der Balkanfront im 1. Weltkrieg. Zwischen ihnen Reichsstatthalter Seyß-Inquart.

»Heim ins Reich« holt Hitler im März 1938 seine Heimat Österreich. Dr. Seyß-Inquart gab als österreichischer Bundeskanzler dem Drängen des deutschen Reiches nach und »bittet«, nach ultimativer Forderung Görings, per Telegramm »die deutsche Regierung um baldmöglichste Entsendung deutscher Truppen«. Zum Dank ernennt Hitler ihn zu seinem Reichsstatthalter und befördert ihn zum SS-Gruppenführer. 1940 wird Seyß-Inquart Reichskommissar für die besetzten Niederlande, 1946 wird er vom Nürnberger Militärgericht zum Tode verurteilt und hingerichtet.

Hitler am 20. Mai 1942, abends
Die Wiener seien in ihrer konzilianten Art . . . als Diplomaten besonders wertvoll. Es sei deshalb für ihn kein Wunder, daß Seyß-Inquart den Holländer Mussert schon heute zur Eidesleistung auf ihn als Chef aller Germanen gebracht habe. Die Art des Wieners, geschichtlich zu denken, sei ebenso bemerkenswert. So hätte ihm Seyß-Inquart bezüglich der künftigen Behandlung Belgiens ohne viel Nachdenken gesagt: »Aber es war doch vor 150 Jahren noch unsere Provinz.« . . .
Bei der Größe des Reichs und der Vielzahl seiner Talente sei es wichtig, den richtigen Mann an den richtigen Fleck zu stellen. Den brutalen dorthin, wo nur ein solcher fertig werden könne, und dorthin, wo auch eine rücksichtsvollere Hand es schaffe, einen Mann dieser Art.

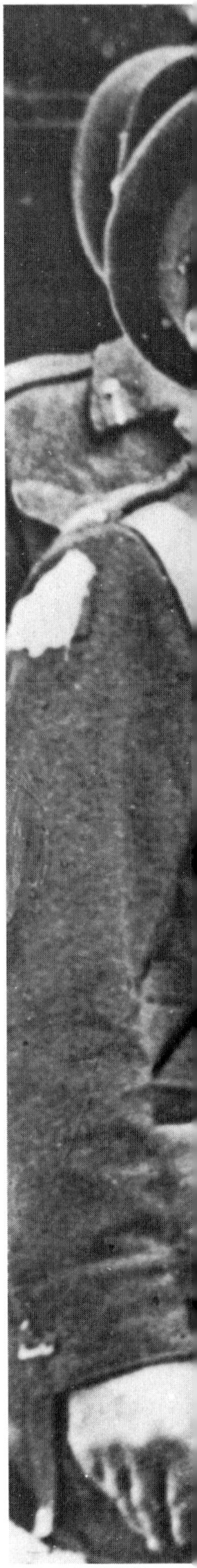

Lloyd George, Englands Premierminister im Ersten Weltkrieg, besucht Hitler im September 1936 auf dem Obersalzberg.

Hitler am 20. Mai 1942, abends
Die Engländer sähen in Churchill den einzigen Mann, der für ihre politische Führung geeignet sei. Dabei seien sie sich seiner negativen Seiten durchaus bewußt, empfänden ihn aber offenbar als Prototyp ihres eigenen Charakters. Wenn man den Führer der Engländer im (I.) Weltkrieg, den Fanatiker Lloyd George, Churchill gegenüberstelle, komme man nicht an der Feststellung vorbei, daß das Führungsformat in England erschreckend abgerutscht sei: denn bei einer objektiven Beurteilung sei Churchill doch nichts anderes als eine »ausgemachte Quadratschnauze«, skrupellos, durch nichts in seinem Selbstbewußtsein umzubringen, auch privat kein Gentleman, sondern ein käuflicher Lügner und ein Mann, der sich nicht geniere, in seinen Reden immer denselben Bockmist eines Schnapssäufers zu verzapfen.

Winston Churchill, Englands Premier im Zweiten Weltkrieg, über dessen »Charakter« sich Hitler in ohnmächtigem Zorn ergeht, bei den britischen Truppen am Rhein.

Hitler am 20. Mai 1942, abends
Übrigens sei es ihm interessant gewesen, letztens aus der Schrift eines Tschechen zu erfahren, daß nach tschechischer Ansicht 1938 für sie zwei Auswege existiert hätten: a) Angliederung an Polen oder b) Angliederung an Deutschland ... Sonst hätte auch Hacha nicht ... aus innerster Überzeugung den Weg zu ihm, Hitler, getan. Sonst wäre unser Einmarsch auch nicht nur vom Weinen, sondern auch von Reaktionen der Tschechen begleitet gewesen und der Übergabebefehl nicht binnen dreiviertel Stunden bis zur kleinsten tschechischen Dienststelle durchgegeben worden ...
Hacha habe ihm seinerzeit selbst ausführlich geschildert – Hacha sei so ausführlich gewesen, daß er (Hitler) wegen des bereits für eine bestimmte Stunde genau erteilten Einmarschbefehls wie auf glühenden Kohlen gesessen habe –, wie fleißig und gewissenhaft das tschechische Volk sei. Er habe auch keinen Hehl daraus gemacht, daß es kein Herrenvolk sei ... Bei fester Führung des Protektorats müsse es daher gelingen, in 20 Jahren die tschechische Sprache wieder auf die Bedeutung eines Dialekts zurückzudrängen ...

In der Nacht vom 14. zum 15. März 1939 bricht Hitler das Münchner Abkommen. Er zwingt CSR-Präsident Dr. Emil Hacha – oben mit dem »Reichsprotektor für Böhmen und Mähren«, v. Neurath, beim Verlassen der Reichskanzlei –, sein Land »unter den Schutz Deutschlands« zu stellen. Rechts: Einmarsch deutscher Truppen in Prag.

Hitler am 21. Mai 1942, abends

Den Eintritt als Vizekanzler in ein Kabinett v. Papen (1932) habe er rundweg abgelehnt, und die daraufhin von General Schleicher gestarteten Bemühungen, durch intrigantes Zusammenwirken mit Gregor Strasser die Geschlossenheit der NSDAP zu erschüttern, seien ergebnislos verlaufen. Die politische Lage habe sich daraufhin aufs äußerste zugespitzt ...

Nachdem der in seiner Bedeutung gar nicht hoch genug zu veranschlagende Wahlsieg in Lippe erkämpft gewesen sei, habe die Umgebung des Alten Herrn (Hindenburg) erneut mit ihm Fühlung genommen. Im Hause v. Ribbentrops sei eine Zusammenkunft mit dem Sohn Hindenburgs und Herrn v. Papen arrangiert worden. In dieser Aussprache habe er seine Auffassung rückhaltlos dargelegt, daß nur noch eine Zusammenfassung aller Parteien unter ihm als Kanzler die Situation retten könne ...

Am schwierigsten hätten sich die Verhandlungen über eine eventuelle Regierungsbildung mit den Deutschnationalen angelassen, da die Gier des Geheimrats Hugenberg nach Ministersesseln in keinem Verhältnis zu der Stärke seiner Partei gestanden habe ... Die Kreise um den General Schleicher hätten sich in jeder Hinsicht querzulegen versucht. Der engste Mitarbeiter Schleichers und Oberbefehlshaber des Heeres, General von Hammerstein, habe sich nicht einmal entblödet, bei ihm anzurufen und ihm mitzuteilen, daß »die Reichswehr seine Kanzlerschaft unter keinen Umständen billigen könne«. Wenn die Herren sich allerdings eingebildet hätten, durch solche Mätzchen seine Entschlüsse erschüttern zu können, so hätten sie sich schwer getäuscht ... Am 28. Januar sei das Weimarer System dann endgültig zusammengebrochen. Schleicher habe seinen Rücktritt erklärt ...

Nach drei Wochen sei der Alte Herr schon soweit gewonnen gewesen, daß er sich ihm zum ersten Male väterlich zugetan gezeigt und im Hinblick auf den Wahlkampf am 5. März geäußert habe: »Was machen wir nur, wenn Sie die Mehrheit nicht bekommen, dann haben wir wieder die alte Geschichte!« Und als die Wahl mit einem Riesensieg der NSDAP geendet habe, habe er offen bekannt, daß ihm der Parlamentsrummel im tiefsten Innern fremd und unsympathisch sei und jetzt ein für allemal mit der Wählerei Schluß sein solle.

Gregor Strasser (links), Parteimitglied seit 1920, trennt sich 1932 von Hitler, der ihn am 30. Juni 1934 im Zuge der Röhm-Affäre erschießen läßt.

Kurt von Schleicher (Mitte), Reichswehrminister und letzter Reichskanzler vor Hitler, wird mit seiner Frau ebenfalls am 30. Juni ermordet.

Kurt von Hammerstein-Ecquord (rechts), Generaloberst, zeigt Hitler offen seine Abneigung und tritt Anfang 1934 als Chef der Heeresleitung zurück.

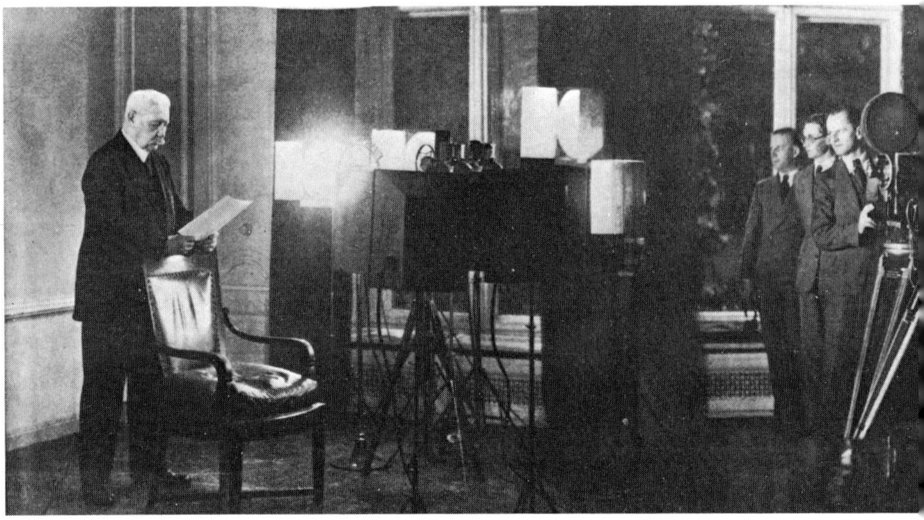

Oskar von Hindenburg (oben, mittleres Bild, neben seinem Vater), Hitlers Fürsprecher beim Reichspräsidenten. – 30. Januar 1933. Hitler (am Fenster) ist Reichskanzler. – Hindenburg verkündet vor der Presse die Ernennung Hitlers. Der neue Reichskanzler, Vizekanzler von Papen und Wirtschaftsminister Hugenberg

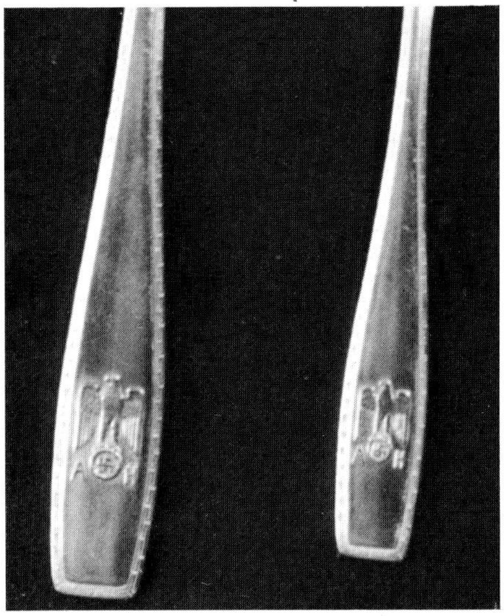

Von Sammlern begehrt: silberne Löffel mit Hitlers Monogramm und dem Hoheitsadler.

»Vorbild der Jugend«: Oberst Hans Ulrich Rudel, 519 Panzerabschüsse und 2530 Feindflüge.

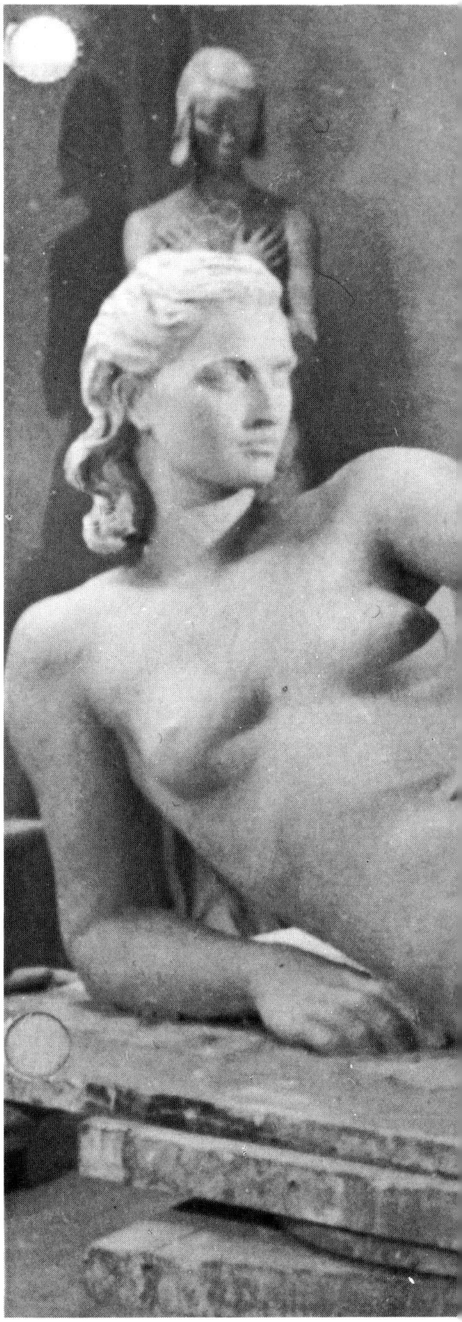

Hitler am 27. Mai 1942, abends

Wenn man in München ein Luxushotel für Ausländer einrichte, müsse man Vorsorge treffen, daß nicht die Erinnerungssammler aus den USA alles nicht Niet- und Nagelfeste mitgehen ließen. Auch ihm hätten Amerikaner als Olympiade-Gäste 137 silberne Löffel usw., soweit sie sein Monogramm trugen, entwendet. Es gehe ihnen offenbar wie den Frauen, die auch an gewissen Manien litten. So gäbe es ja wohl kaum eine Frau, die nicht versuche, Taschentücher, Stoffe und dergleichen unverzollt über die Grenze zu schmuggeln. Bei den Frauen wirke sicher der Reiz, der Staatsautorität eins auszuwischen, entscheidend mit. . . .

Die verdienstvollsten Männer unserer Luftwaffe hätten sich bereits im Ersten Weltkrieg außerordentlich ausgezeichnet. Auch wir müßten – gerade bei der Luftwaffe als Offensivwaffe – dafür sorgen, daß wir den kommenden Generationen möglichst viele von der Garde unserer Ritterkreuzträger erhielten. Die Autorität, die ein Flieger mit dem Eichenlaub zum Ritterkreuz der Jugend gegenüber besitze, sei gar nicht hoch genug zu werten. Wenn einer 100 Abschüsse erzielt habe, müsse man ihn deshalb als einen der Tapfersten von weiteren Einsätzen zurückhalten.

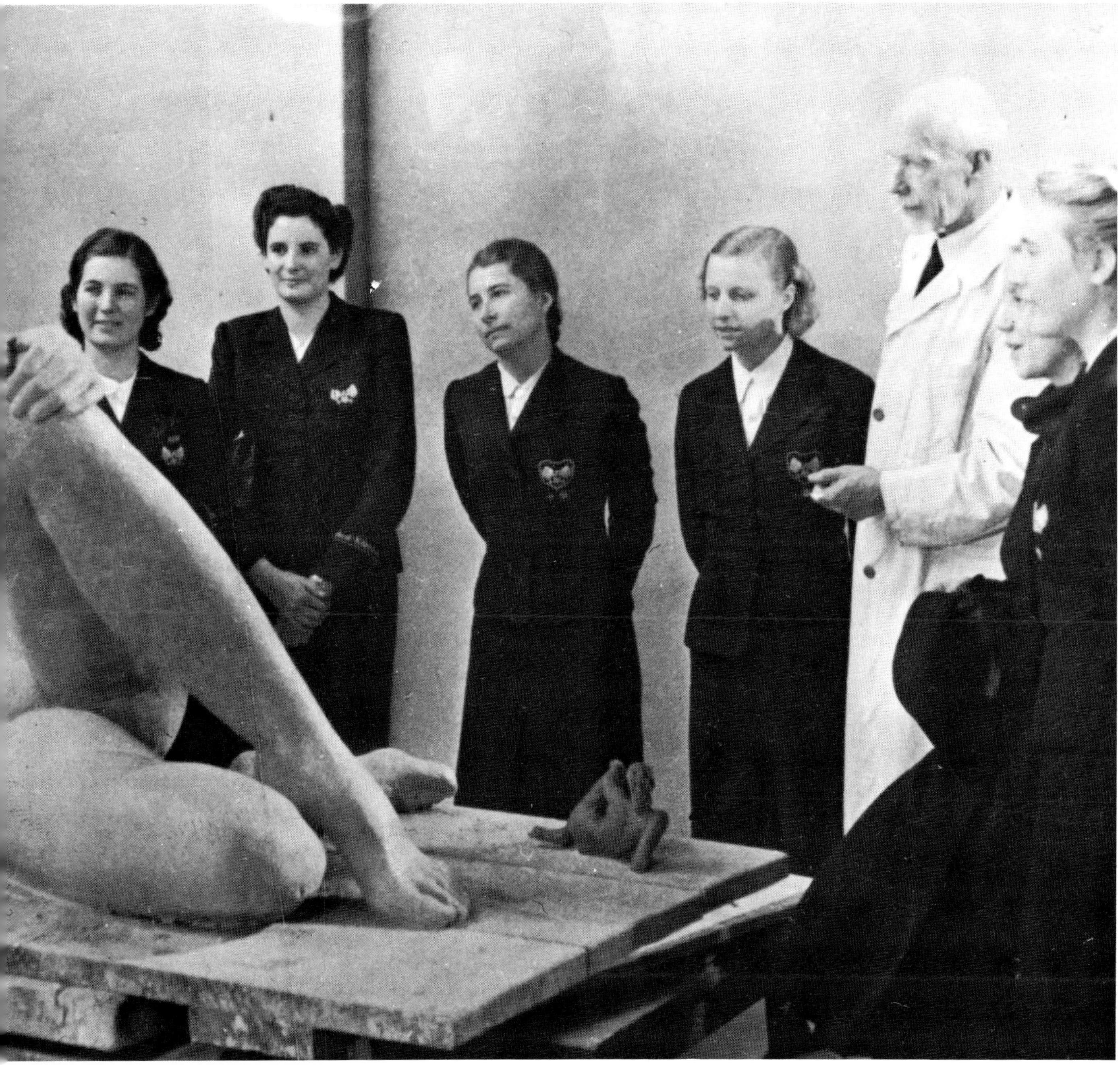

Fritz Klimsch, 1870–1960, zeigt Führerinnen des Bundes Deutscher Mädel (BDM) »die Woge«, eine seiner letzten Arbeiten. Die klassische Schönheit Klimscher Frauengestalten verhalf diesem zu Weltruhm. Seine »Tänzerin« wurde bei der Pariser Weltausstellung 1937 mit dem Grand Prix ausgezeichnet. – Links der »ruhende Athlet« von Georg Kolbe, 1877–1947.

Hitler am 30. Mai 1942, mittags

Bei einem Vergleich der Bildhauer Kolbe und Klimsch stelle er fest, daß Kolbes Arbeiten, je älter der Meister werde, desto mehr an Vollendung abnähmen. Klimsch dagegen werde in seinen Arbeiten immer größer und bedeutender. Man könne es einem Künstler jedoch nicht zum Vorwurf machen, wenn seine Altersarbeiten nicht mehr die Vollkommenheit seiner größten Schöpfungen aufwiesen. Denn mit dem Alter würden auch die Augen schlechter, und gerade der Bildhauer sei doch sehr stark auf die Schärfe seiner Augen angewiesen. Wenn Bildhauer im Alter geradezu über sich selbst hinauswüchsen, so liege das nicht selten daran, daß sie früher kurzsichtig gewesen und mit zunehmender Alters-Weitsichtigkeit wieder normalsichtig geworden seien . . .

Das Attentat in Prag beendet am 27. Mai 1942 die Karriere des Chefs der Gestapo, Reinhard Heydrich. – Links: Heydrich mit dem tschechischen Präsidenten Dr. Hacha. – Der zerstörte Dienstwagen des stellvertretenden Reichsprotektors von Böhmen und Mähren. – Oben: Heydrichs Attentäter werden von der SS gestellt und verüben in einer Prager Kirche Selbstmord. – Rechts: Die Gegenspieler im deutschen Geheimdienst, Heydrich (im Wagen) und Admiral Wilhelm Canaris. Der Chef der deutschen Abwehr wird am 9. April 1945 auf Befehl Hitlers in Flossenbürg ermordet.

Hitler am 4. Juni 1942, abends
Mit Rücksicht auf das Attentat gegen SS-Obergruppenführer Heydrich ordne er an, daß die besonders gefährdeten Männer die Sicherheitsbestimmungen unbedingt innezuhalten hätten. Da die Versuchung nicht nur Diebe, sondern auch Attentäter mache, seien heroische Gesten, wie in offenen, ungepanzerten Wagen zu fahren oder in Prag zu Fuß durch die Straßen zu gehen, Blödsinn, der der Nation nichts nütze... Männer vom Format Heydrichs müßten wissen, daß ihnen wie einem Wild aufgelauert werde, daß unzählige Leute den Gedanken hätten, wie sie ihn umbringen könnten.

Hitler am 7. Juni 1942, mittags
Der neue ungarische Ministerpräsident Kallay habe ihm zwei »kleine Bitten« des Reichsverwesers Horthy übermittelt, daß nämlich a) der liebe Gott und b) er, Hitler, ruhig zuschauen möchten, wenn sich die Ungarn mit den Rumänen auseinandersetzten. Für die Ungarn sei das ein Kampf mit Asien, denn für sie lägen die Grenzen zwischen Asien und Europa dort, wo die orthodoxe Kirche aufhöre. . . . Deshalb sei Ungarn auch von jeher ein Feind Rußlands gewesen und habe die Politik des Dritten Reichs nicht verstanden, als es seinerzeit zur Abmachung mit Rußland gekommen sei.

Hitler am 7. Juni 1942, abends
Man sehe direkt, wie der spanische Staat in neue Katastrophen hineinsause. Ausgerechnet die Pfaffen und die Monarchisten, die auch Todfeinde des deutschen völkischen Aufbruchs seien, hätten sich in Spanien zusammengefunden, um die Führung des Volkes an sich zu reißen. Man brauche sich nicht zu wundern, wenn es eines Tages zu einem neuen Bürgerkrieg komme, in dem die Falangisten mit den Roten zusammengehen müßten, um des Pfaffen- und Monarchisten-Geschmeißes Herr zu werden . . . In Spanien finde sich ja leider immer jemand, der sich bei den politischen Geschäften der Kirche vorspannen lasse. Einer von dieser Sorte sei auch der derzeitige Außenminister Suñer, den er von der ersten Zusammenkunft an mit der größten Skepsis beobachtet habe, obwohl unser Botschafter in grenzenloser Verkennung der Dinge ihn immer als den größten Deutschenfreund Spaniens hingestellt hätte.

Miklos von Kállay, ungarischer Ministerpräsident von 1942 bis 1944, wird von Ribbentrop begrüßt. Kállay versucht Ungarn aus dem Bündnis mit Deutschland zu lösen und nimmt Verhandlungen mit den Alliierten auf. Von den Deutschen verhaftet, wird er 1945 aus dem KZ Dachau befreit.

Serrano Suñer, Spaniens Außenminister von 1940–1942, besucht Hitler auf dem Berghof. Rechts der deutsche Botschafter in Madrid, Eberhard von Stohrer. Mit der Entsendung seines Schwagers will der spanische Staatschef, General Franco, dem »Führer« seine Sympathien für die Sache der Achsenmächte zeigen. Als sich Hitlers Kriegsglück wendet, läßt er Suñer von der politischen Bühne Spaniens verschwinden.

Arthur Axmann, Reichsjugendführer im Kriege, gratuliert Hitlerjungen, die sich im Einsatz ausgezeichnet haben, mit der linken Hand.

Auf der Prager Burg weiht Axmann neue Hitlerjugend-Fahnen (rechts).

»Germanische Jugend« aus den besetzten Ländern meldet sich freiwillig zu Hitlers Krieg. Im Juli 1941 rückt das erste dänische Bataillon von Hamburg zur Ostfront aus.

Hitler am 8. Juni 1942, abends
Daß Reichsjugendführer Axmann als Frontsoldat den Arm verloren habe, könne sein Ansehen als Vorbild bei der Jugend nur erhöhen. Auch auf die ausländische Jugend werde der Kriegseinsatz Axmanns seinen Eindruck nicht verfehlen. Er begrüße es sehr, daß Axmann versuche, die Jugend in den germanischen Ländern immer stärker für den Nationalsozialismus und für den germanischen Gedanken aufzuschließen. Denn wenn die Jugend für eine Idee gewonnen sei, wirke das wie Sauerteig. Sie werbe und werbe für diese Idee, ohne sich durch die Maßnahmen der Alten beeinflussen zu lassen.

Generaloberst Eduard Dietl (Mitte) und der General der Gebirgstruppen Ritter v. Hengl besichtigen deutsche Stellungen in Lappland.

Dietl und General Nikolaus von Falkenhorst (links) bei einer Lagebesprechung nach der Besetzung Norwegens.

Der »Wüstenfuchs«, Generaloberst Erwin Rommel, Oberbefehlshaber des deutschen Afrikakorps, inmitten seines Stabes an der Front in Libyen.

1942 ernennt Hitler den populärsten deutschen Heerführer zum Generalfeldmarschall. 1944 zwingt er Rommel, der dem Kreis der Männer des 20. Juli nahesteht, zum Freitod.

Hitler am 22. Juni 1942, mittags
Generäle wie v. Brauchitsch, Rundstedt und so weiter genössen bei weitem nicht die Popularität wie Rommel und Dietl. Dietl sei nicht nur bei uns, sondern ganz besonders auch in Finnland populär. Rommel stehe . . . deshalb im Mittelpunkt des öffentlichen Interesses, weil a) das Gros unseres Volkes . . . über jeden einzelnen Sieg über England hoch erfreut sei und b) für Rommel von den Engländern selbst eine unerhörte Propaganda gemacht werde, da sie hofften, durch Herausstreichen Rommels ihre Niederlagen leichter erklären zu können. Außerdem stehe Rommels Können natürlich außer jedem Zweifel.

Hitler am 22. Juni 1942, abends
Bei Putschversuchen sei es die unbedingte Pflicht der Staatsgewalt, zuzugreifen. Solange die Staatsgewalt zupacke, sei sie stärker als jeder Störenfried. Denn sie habe einen fest organisierten Körper hinter sich. Ein Beleg für die Richtigkeit dieser Auffassung sei die Erledigung des Falles Röhm. Der Putschversuch habe sich austreten lassen wie ein kleines Flämmchen, weil die Putschisten noch nicht einmal die SA fest in der Hand gehabt hätten.
(Wirtschaftsminister Funk erzählte, daß er damals, gerade auf der Jagd in der Schorfheide, telefonisch den Auftrag Hitlers erhalten habe, den greisen Feldmarschall und Reichspräsidenten von der Niederschlagung der Röhm-Revolte 1934 zu unterrichten... Die Antwort Hindenburgs habe in seinem tiefen Baß gelautet: »Wer Geschichte machen will, muß auch Blut fließen lassen können.«)

SA-Stabschef Ernst Röhm übergibt in München die Traditionsfahne des ehemaligen »Freikorps Epp« an die SA. Am 30. Juni 1934 unterstellt Hitler dem Hauptmann a. D. Röhm, er habe putschen wollen, und läßt ihn erschießen.

Volkstrauertag 1933. Hinter dem Reichspräsidenten verlassen Hitler, Seldte und Göring das Ehrenmal Unter den Linden in Berlin.

Hitler am 24. Juni 1942, abends
Dr. Goebbels verfüge über die beiden Dinge, ohne die man die Berliner Verhältnisse nicht habe meistern können: Redegewandtheit und Intellekt ... Er habe ihm deshalb bei der Übernahme des Berliner Gauleiterpostens Generalvollmacht erteilt. Denn Dr. Goebbels, der nichts Gescheites an politischer Organisation vorfand, als er anfing, habe im wahrsten Sinne des Wortes Berlin erobert. Wie ein Stier habe er gearbeitet, ohne Rücksicht auf die zahllosen Nervenproben, die bei der latenten Opposition von Leuten wie Stennes unvermeidbar gewesen seien. Eine solche Führerauslese, wie die Partei sie in der Kampfzeit erfahren habe, sei heute nicht mehr möglich. Damals hätten sich tatsächlich Idealisten herausgeschält, die fanatisch ihr Letztes zum Einsatz für die Idee gebracht hätten.

Dr. Joseph Goebbels wird 1926 mit knapp 29 Jahren Gauleiter der NSDAP in Berlin. Der geniale Demagoge schafft bis 1933 aus der kleinen Berliner Parteigruppe eine mächtige Organisation, durch die er die »süddeutsche Bewegung« auch im Norden des Reiches populär macht. Bild: Parteigeschäftsstelle Berlin. Goebbels und (neben ihm stehend) der Oberste SA-Führer-Ost, Walter Stennes, der 1930 mit der Berliner SA gegen die »Verbonzung« der Partei revoltiert und 1931 deswegen ausgeschlossen wird.

Hitler am 24. Juni 1942, abends
Wenn er sich seine Gedanken über Fragen der Führerauslese mache, müsse er oft an die Entwicklung in Ostpreußen denken. Solange die Parteiführung in Ostpreußen in Händen irgendeines Würstchens gelegen habe, seien die ostpreußischen Grundbesitzer »nachdrücklich« für die NSDAP eingetreten. Da sie die Männer der Bewegung lediglich für Trommler gehalten hätten, hätten sie in ihnen die Wegbereiter für eigene künftige Führerstellen gesehen. Als er ihnen dann mit Koch einen Gauleiter vor die Nase gesetzt habe, den auch sie sehr bald als Kopf erkannt hätten, hätten sie sich sofort in die Front der Gegner der NSDAP eingegliedert. Die Erfahrungen, die er bei der Organisation der Partei in der Kampfzeit gemacht habe, werte er heute bei der Organisation des Reichs aus. Wenn er seinerzeit die Gauleiter gleichsam zu Gau-Königen gemacht habe, die nur die ganz großen Weisungen von oben erhalten, so gebe er heute den einzelnen Reichsstatthaltern weitgehende Freiheit – auch wenn er hierbei auf den Widerspruch des Reichsinnenministeriums stoße.

Die »Gau-Könige« Erich Koch von Ostpreußen (links neben dem General der Flieger Karl Bodenschatz) und Franz Schwede-Coburg von Pommern (rechts) im Gespräch mit Reichsinnenminister Wilhelm Frick.

Erich Koch, Gauleiter von Ostpreußen und Reichskommissar für die Ukraine, taucht nach dem Zusammenbruch des Hitlerreiches in Westdeutschland unter. Nach seiner Verhaftung wird er 1950 an Polen ausgeliefert, wegen seines schlechten Gesundheitszustandes jedoch erst 1958 angeklagt (Foto) und für den Tod von 400 000 Polen verantwortlich gemacht. Das Todesurteil wird später in lebenslängliche Haftstrafe umgewandelt.

Gerade 18 Jahre alt, stößt Baldur von Schirach zur Hitler-Partei. Er stampft die größte Jugendorganisation der Welt, die »Hitlerjugend«, aus dem Boden. 1945 in Nürnberg angeklagt, muß er bekennen, »die deutsche Jugend für einen millionenfachen Mörder erzogen zu haben«. Oben: Schirach 1932 bei einer Fahnenweihe in Potsdam.

Hitler am 24. Juni 1942, abends

Es sei ein eiserner Grundsatz des Nationalsozialismus, daß kein Gau-, kein Staats- oder Parteiamt Erbgut sein könne ... Er habe bei den Gauleitern, die sich ihren Gau nicht selbst erobert hätten, das Prinzip der Versetzbarkeit eingeführt. ... Ein Mann, von dem er sich noch einmal sehr Großes verspreche, sei Gauleiter (v. Schirach) in Wien. Aber nie werde der Sohn den Gauleiterposten vom Vater erben. Wenn ein Generalstabschef ausscheide, mache man ja auch nicht seinen achtzehnjährigen Sohn zum Nachfolger.

Leon Degrelle, Führer der katholischen Rexistenbewegung Belgiens, Kommandeur der Freiwilligen Legion »Wallonien«, im Einsatz an der Ostfront.

Hitler am 27. Juni 1942, abends

Der belgische Rexistenführer Degrelle, der zur Zeit als Legionär an der Ostfront stehe, habe Beschwerde darüber geführt, daß beim Austausch belgischer Kriegsgefangener keine Rexisten zum Zuge kämen. Es sei sofort dafür zu sorgen, daß der entscheidende Einfluß für die Auswahl der freizugebenden Belgier Degrelle eingeräumt werde: Es habe eine absolute Selbstverständlichkeit zu sein, daß beim Deutschen Reich in erster Linie der Gehör fände, der heute für das Europa von morgen im Osten seinen Bluteinsatz erbringe.

Hitler am 2. Juli 1942, mittags
Der Fall Sewastopols habe in Ankara den Haß der Türken auf die Russen so richtig zum Durchbruch gebracht. Der türkische Botschafter in Berlin, Gerede, sei von der Notwendigkeit eines Zusammengehens zwischen der Türkei und Deutschland überzeugt. (Japans Botschafter) Oshima und Gerede seien zur Zeit wohl die fähigsten ausländischen Diplomaten in Berlin. Oshima trete mit größerer Festigkeit auf, weil er in der japanischen Wehrmacht eine festgefügte Organisation hinter sich habe, die auch die politischen Angelegenheiten stets in einer Japans nationalem Interesse entsprechenden Weise zu dirigieren verstehe ...
Der andere Gegenspieler im Vorderen Orient, der Großmufti (von Jerusalem), betrachte bei aller nationalen Leidenschaft die Politik als Angelegenheit realer Interessen der Araber ... Im Gespräch habe er sich als ein eminent schlauer Fuchs entpuppt ... Wenn er spreche, wäge er förmlich die Gedanken. In seiner überlegenen Klugheit komme er fast den Japanern nahe.

General Hirosho Oshima (links), Japans Botschafter in Deutschland, zu Besuch in Hitlers Hauptquartier (mit Ribbentrop und dem Gesandten Hewel).

Der türkische Botschafter in Berlin, Gerede (Mitte, mit seiner Frau), wird von Minister Otto Meißner verabschiedet.

Mohammed Emin el-Husseini, Großmufti von Jerusalem (links), wird 1941 in der Berliner Reichskanzlei empfangen.

Clemens August Graf von Galen, 1876–1946, ist als Bischof von Münster einer der entschiedensten Gegner Hitlers. 1933 protestiert er gegen das »Ermächtigungsgesetz«. 1941 predigt er gegen die gesetzwidrige »Vernichtung unwerten Lebens« und zwingt Hitler damit zur Einstellung des Euthanasieprogramms. Nach dem Attentat vom 20. Juli 1944 wird Graf von Galen verhaftet. Er überlebt das Kriegsende im KZ Sachsenhausen.

Hitler am 4. Juli 1942, abends

Wenn er in Kirchendingen vor der Öffentlichkeit schweige, so werde das von den schlauen Füchsen der Katholischen Kirche durchaus nicht mißverstanden. Er könne es sich daher auch vorstellen, daß ein Mann wie der Bischof von Galen wisse, daß nach Beendigung des Krieges mit ihm auf Heller und Pfennig abgerechnet werde. Wenn es ihm nicht gelinge, sich vorher in das Collegium germanicum nach Rom berufen zu lassen, könne er auch versichert sein, daß ihm bei dieser Abrechnung kein Tüpfelchen vergessen werde. Das Verhalten dieses Bischofs von Galen werde im übrigen ebenfalls ein Grund mit sein, das Konkordat sofort nach dem Kriege aufzuheben ... und die vertraglich zugesicherten Geldmittel der Kirche sofort zu entziehen. ... Da die Kirche, wenn sie auf Spenden angewiesen sei, keine drei Prozent des heutigen Reichszuschusses einscheffle, werde jeder Bischof seinem Reichsstatthalter nachkriechen, um nach Beseitigung des Konkordats und damit des rechtlichen Zahlungstitels Geld zu bekommen.

In zweiter Ehe heiratet der bayerische Kronprinz Antonia von Luxemburg. Erste Reihe, von links: Nuntius Pacelli, der spätere Papst Pius XII., Marie Anna Großherzogin von Luxemburg, das Brautpaar und König Ludwig III. von Bayern.

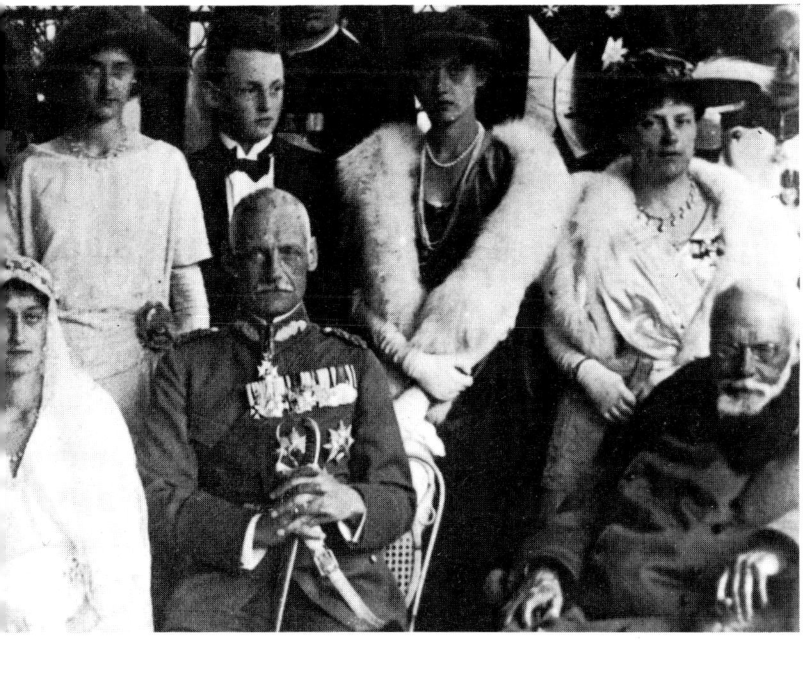

Rupprecht, Kronprinz von Bayern,
1869–1955, bei der Grundsteinlegung zum Kriegerdenkmal in München, vier Tage vor Hitlers Putsch 1923.

Hitler am 5. Juli 1942, mittags
Kaum jemand sei ja so maßlos dumm wie die Könige. Einer unserer früheren Potentaten, Rupprecht v. Bayern, habe ihm ein Jahr nach dem Sieg (1934) nahelegen lassen, die Monarchie in Deutschland wiederherzustellen. Er könne dann zwar nicht Kanzler bleiben, da seine Person einer Zusammenfassung des ganzen Volkes entgegenstehe. Man werde sich ihm gegenüber aber großzügig zeigen und ihn durch eine Ernennung zum Herzog entschädigen. Dieser Mann sei also so blitzdumm gewesen, daß er noch nicht einmal gewußt habe, daß ... kaum je eine so starke Einheit des deutschen Volkes bestanden habe wie unter seiner Führung. Und ihn glaube man dadurch, daß irgendein Würstchen ihn Herzog nenne, von der Führung dieses Volkes wegködern zu können.

Hitler am 6. Juli 1942, abends
Bei seinen Kaiserhof-Aufenthalten in der Kampfzeit habe er für sich und seine Begleitung Rechnungen von ca. 10 000 RM pro Woche gehabt. Diese Unkosten habe er durch Artikel und Interviews für die Auslandspresse wieder hereingebracht, die ihm am Schluß der Kampfzeit oft mit je 2000 bis 3000 Dollar bezahlt worden seien. Bei der Lancierung dieser Artikel habe er aber des öfteren Ärger mit seinem Auslandspressechef Hanfstaengl gehabt, da dieser mehr Geschäftsmann als Politiker gewesen sei und immer nur den Gelderfolg gesehen habe. Als er ihn beauftragt habe, einen Artikel auf schnellstem Wege in die Presse der ganzen Welt zu jagen, habe er kostbare Zeit mit dem Versuch vertrödelt, 1000 Pfund dafür herauszuschlagen ... In seiner Geldgier und seinem Geiz sei Hanfstaengl unausstehlich gewesen. In einer Bauernschänke habe er einmal die ganze Gesellschaft blamiert, weil er wegen des Preises einer Suppe von 30 Pfennig, die er nicht einmal selbst bezahlen mußte, einen Riesenkrach gemacht habe.

»Putzi« Ernst Hanfstaengl, 1923 Teilnehmer am Münchner Putschversuch, wird 1931 Auslandspressechef der Nationalsozialistischen Partei. In der Furcht, Hitler wolle ihn liquidieren lassen, flieht er 1937 nach England, im Kriege weiter in die Vereinigten Staaten, wo er seinen ehemaligen Harvard-Kommilitonen, den Präsidenten Roosevelt, zu beraten versucht. Oben, von links: Hitler, Hanfstaengl am Flügel, Frau Schaub, Frau Goebbels, Brückner und Goebbels. Rechts: Hanfstaengl und Hitler bei der Zeitungslektüre.

Hitler am 6. Juli 1942, abends
Wie oft habe er sich gefreut, daß in den Familien, bei denen er zu Gast war, der Vater in der Politischen Leitung, die Mutter in der Frauenschaft, der Sohn in der Hitlerjugend, die Tochter im Bund Deutscher Mädel und der Bruder in der SA gewesen sei. Dadurch, daß sich einmal im Jahr alles auf dem Parteitag in Nürnberg getroffen habe, sei dieser Tag ein wahrer Familientag gewesen. ...
Der Parteitag ... habe auch wertvolle Vorbereitungsarbeit für den Krieg geleistet. Nicht weniger als 4000 Züge hätten jedesmal abgefertigt werden müssen. Da die Züge bis Halle und München gestanden hätten, habe die Eisenbahn dadurch nicht zu unterschätzende Erfahrungen auf dem Gebiet des Kriegstransportes gesammelt.

»Familientag« in Nürnberg. »Reichsparteitag der Ehre« hieß er im Jahre 1936.

Hitler und Franco im Gespräch mit dem deutschen Gesandten Altenburg und beim Abschreiten der Ehrenformation auf dem Grenzbahnhof Hendaye, Oktober 1940. Hitler hofft den spanischen Diktator zum Bundesgenossen im Kriege gewinnen zu können, aber der Generalissimus verhält sich abwartend. Sein einziger Kriegsbeitrag ist die »Blaue Division«, die ab 1941 an der Ostfront eingesetzt wird. Der Kommandeur, General Muñoz Grandes, erhält 1942 das Eichenlaub zum Ritterkreuz (links). Als Hitlers Kriegsglück schwindet, wird auch die »Blaue Division« von Franco heimbeordert.

Hitler am 7. Juli 1942, abends
Die Franco-Leute könnten von Glück sagen, daß sie beim ersten Bürgerkrieg den Beistand des faschistischen Italiens und des nationalsozialistischen Deutschlands gefunden hätten... Fest stehe jedenfalls eines: Wenn man von einem Eingriff des Himmels sprechen wolle, der den Bürgerkrieg zugunsten der Franco-Leute entschieden habe, so sei dieser Eingriff nicht durch die kürzlich mit dem Marschallstab ausgezeichnete Muttergottes erfolgt, sondern durch den deutschen General v. Richthofen, der seine Flieger »vom Himmel hoch« auf die sogenannten Roten herabgeschickt habe... Die für die Bereinigung der politischen Verhältnisse in Spanien geeignete Persönlichkeit zu finden, sei leider erheblich schwieriger... Jedenfalls wolle man die Popularität des Generals Muñoz Grandes nach Möglichkeit fördern, da er ein energischer Mann sei... (Seine) »Blaue Division« werde vielleicht noch einmal bei der Erledigung des derzeitigen Pfaffensystems (in Spanien) die entscheidende Rolle spielen.

Hitler am 8. Juli 1942, abends
Der Mensch verändere sich bei außerordentlichen körperlichen Anstrengungen durch den dabei unvermeidlichen Schweißverlust. Bei seinen Reden in Großkundgebungen sei er hernach klitschnaß gewesen und habe vier bis sechs Pfund an Gewicht verloren. Wenn man bei seinen Reden in Bayern die zwei bis drei Flaschen Bier, ohne die er in Bayern kaum habe landen können, bei seinen sonstigen Reden die gleiche Menge Sprudel berücksichtige, die er noch zwischendurch getrunken habe, so könnten es auch bis zu sieben Pfund gewesen sein. Vielleicht sei dieser Gewichtsverlust gar nicht ungesund gewesen. Ihn habe daran nur immer gestört, daß sein einziger blaugefärbter Kriegsanzug seine Leibwäsche bei jeder Versammlung blau gefärbt habe.
Als er später das Fleischessen aufgegeben habe, habe etwa 14 Tage darauf auch das Schwitzen nachgelassen. Auch das Durstgefühl sei erheblich zurückgegangen, so daß er nur noch ab und an einen Schluck Wasser zum Anfeuchten benötigt habe. Die vegetarische Ernährung habe also ganz offensichtlich Vorzüge. Er sei gespannt, ob nicht auch seine Schäferhündin Bella mit der Zeit Vorliebe für vegetarische Kost zeigen werde.

Nach dreistündiger Rede verläßt Hitler erschöpft durch das Spalier norddeutscher Parteianhänger den Saal.

Hitler am 22. Juli 1942, abends

Die Sowjets wären für uns unerhört gefährlich geworden, wenn es ihnen gelungen wäre, mit ihrer KPD-Parole »Nie wieder Krieg« den soldatischen Geist im deutschen Volk zu untergraben. Denn zur gleichen Zeit, da sie bei uns ... mit allen Mitteln für die Durchsetzung des Pazifismus gekämpft hätten, hätten sie in Rußland eine ungeheure Rüstung aufgebaut... und die Sowjetarbeiter durch das Stachanow-System dazu erzogen, schneller und länger zu arbeiten als die Arbeiter in Deutschland und in den kapitalistischen Staaten ... Vor Stalin müsse man unbedingten Respekt haben. Er sei in seiner Art schon ein genialer Kerl!

Stalin und Ribbentrop besiegeln mit Handschlag eine kurze Freundschaft.

Eine Sensation, die die Welt erregt, ist die Unterzeichnung des Nichtangriffspaktes zwischen der Sowjetunion und Hitler-Deutschland am 23. 8. 1939. Wenige Tage später beginnt Hitler den Zweiten Weltkrieg. Nach seinem Sieg über Polen schickt er seinen Außenminister Joachim von Ribbentrop erneut nach Moskau. Die Beute wird geteilt, ein Grenz- und Freundschaftsvertrag auf Kosten Polens geschlossen. Links: Außenminister Molotow unterzeichnet für die Sowjetunion. Hinter ihm, von links: der Generalstabschef der UdSSR, Stapostnikow, Ribbentrop-Adjutant Schulze-Kossens, Ribbentrop, Stalin und Dolmetscher, Botschaftssekretär Perlow, UdSSR.

Hitler am 24. Juli 1942, abends
Wenn es gelingen sollte, den belgischen König mit einer Jahrespension von etwa einer halben Million abzuschieben und ihn mit Hilfe dieser verfeinerten Klostermethode in der politischen Versenkung verschwinden zu lassen, sei das nur zu begrüßen. ...
In Holland hätten die Dinge ja Gott sei Dank einfacher gelegen, nicht zuletzt, weil im Prinzen von Biesterfeld ein absoluter Kretin auf dem Thron gesessen habe. Als er Juliane von Holland heiraten wollte, habe er sich vorher bei ihm zur Abmeldung eingefunden und sei dabei wie ein Eintänzer anscharwenzelt gekommen. Zwei Tage darauf habe er bereits in der Öffentlichkeit eine Erklärung abgegeben, daß er von Jugend an holländisch gefühlt habe.
Auch der verstorbene Prinzgemahl der Königin Wilhelmine von Holland sei ein typischer Kretin von einem gekrönten Haupt gewesen. Er habe sich nicht gescheut, ihn kurz nach der Machtübernahme um $7^1/_2$ Millionen Gulden anzupumpen gegen die Zusicherung, dann nachdrücklich für eine Stärkung des deutschen Einflusses in Holland einzutreten.

Prinz Bernhard von Lippe-Biesterfeld heiratet im Januar 1937 die holländische Kronprinzessin Juliane (rechts: Radausflug während der Brautzeit). Als im Mai 1940 deutsche Truppen Holland überfallen, flieht er mit der königlichen Familie nach England und tritt in die Royal Air Force ein. Nach der Befreiung der Niederlande kehrte Königin Wilhelmina auf den Thron zurück. 1948 dankte sie zugunsten ihrer Tochter Juliane ab. Seitdem führte Prinz Bernhard den Titel »Prinz der Niederlande«. Nach Königin Julianes Rücktritt im Jahre 1980 folgte ihre Tochter Beatrix auf den Thron.

Blitzbesuch in der französischen Hauptstadt. Im Morgengrauen des 23. Juni 1940 eilt Hitler durch die Pariser Oper (oben), die Kirchen St. Madeleine und den Invalidendom. Aus Angst vor englischen Fliegerangriffen oder einem Attentat verläßt er die Stadt, bevor die Pariser aufwachen.

Hitler am 26. Juli 1942, abends
Bei seinem Besuch in der Pariser Oper habe die prachtvolle Außenfront Außerordentliches versprochen. Als er dann aber die ärmlichen, lediglich durch die Buntheit der Farben auffallenden Bühnendekorationen gesehen habe, hätte es ihm wirklich leid getan, festzustellen, wie schnell eine Kulturmetropole wie die Pariser Oper auf Grund des Unverständnisses der für sie zuständigen Leute absacken könne.

Als Beispiel für »sauberen nordischen Eros« zwischen Mann und Frau, im Gegensatz zum »sinnlichen Sex« der zwanziger Jahre, hatte nach Hitlers Kunstauffassung diese Marmorskulptur »Zwei Menschen« von Professor Josef Thorak zu gelten.

»Ein Symbol des wiedererstarkten reinen deutschen Wesens« sei, wie die Parteizeitungen berichten, die alljährliche Ausstellung im Münchener Haus der Deutschen Kunst. Selbst im Kriege überprüft Hitler die Vorauswahl seiner Beauftragten Hoffmann und Kolb (links). Oben, dritter von links: Heinrich Hoffmann. Neben ihm Direktor Kolb, Hitler, Frau Troost, Gauleiter Wagner, die Brüder Martin und Albert Bormann, zwei Ordonnanzen, Marineadjutant von Puttkamer und Chefadjutant Brückner.

Hitler am 29. Juli 1942, abends
Die von Reichsleiter Bormann vorgelegten Bilder der Biennale in Venedig erinnerten stark an entartete Kunst. Sie seien nicht nur technisch schlecht, sondern geradezu unglaubliche Kleckserei en... Das gäbe es im Münchener Haus der Deutschen Kunst nicht. In der dortigen Ausstellung seien von den 10 000 bis 12 000 Einsendungen die 1200 endgültig ausgewählten Werke unter allen Umständen erstklassig. Die Strenge der Auswahl sei dadurch gewährleistet, daß nicht Künstler, sondern Männer wie Professor Hoffmann und Direktor Kolb sie vornähmen. Künstler kämen doch zu leicht in Versuchung, weniger wertvolle Kunstwerke für die Ausstellung herauszusuchen, um mit ihren eigenen Sachen zu glänzen.

Namenregister

Hitler wurde nicht in das Register aufgenommen, da er auf nahezu allen Seiten erwähnt oder abgebildet ist.